만해 한용운 말꽃모음

만해 한용운 말꽃모음

2021년 5월 15일 초판 1쇄 펴냄

글쓴이 한용운
엮은이 전보삼, 이주영
펴낸곳 도서출판 단비
펴낸이 김준연
편집 작은배
등록 2003년 3월 24일(제2012-000149호)
주소 경기도 고양시 일산서구 고양대로 724-17, 304동 2503호(일산동, 산들마을)
전화 02-322-0268
팩스 02-322-0271
전자우편 rainwelcome@hanmail.net
ISBN 979-11-6350-042-1   03300

만해 한용운 말꽃 모음

한용운 글 ― 전보삼 · 이주영 엮음 ― 성공 스님 감수

단비
danbi

만해 한용운 말꽃모음 발간에 대하여

1973년 5월 서울 신구문화사에서 『한용운전집』이 세상에 처음 나왔다. 당시 대학생으로 만해 어록 일부만 보고 있었던 나는 『한용운전집』을 만나 며칠 밤낮을 밑줄 그어 읽으며 흥분을 감추지 못했다. 구구절절 주옥같은 핵심 내용들을 모아 카드로 정리하여 읽고 또 읽으며 행복했던 시간이 떠오른다. 이 『한용운전집』은 국민 독본으로 전 국민이 읽어야 할 소중한 자산이라고 생각해서 전집 보급 운동을 펼쳤던 일들이 주마등처럼 스친다.

그 이후 청소년들도 쉽게 이해할 수 있도록 쉬운 우리말로 재해석하여 전하고 싶은 뜻을 갖고 있었다. 이 소망을 초등 교육자면서 어린이 문학을 하는 이주영 선생을 만나서 함께 힘을 모아 완성하고, 성공 스님의 감수를 받아 아름다운 책으로 펴내게 되어 더욱 기쁘다.

만해 한용운 말꽃모음 내용은 다음과 같다.

1부: 자유는 생명이다, 2부: 청년들이 어둠을 깨야 한다, 3부: 하늘은 일하는 사람을 돕는다, 4부: 용감하게 전진하라, 5부: 모든 것은 마음에 달렸다, 6부: 나는 무한아이며 절대아다, 7부: 시대에 맞게 바꿔야 한다. 이렇게 모두 7개의 작은 제목 하에 180여 편으로 정리하였다.

나의 존재는 한없이 위대하다는 사실을 믿으며 약자를 위해, 시민을 위해, 나라를 위해, 더불어 이웃과 함께 나누는 세상을 만들자는 만해의 말꽃에 귀를 기울여 보자.

청소년은 우리들의 꽃이요 미래의 동량이다. 청소년들이 한용운 말꽃모음을 통해 내일의 큰 희망으로 다시 태어나

---

* 동량 : 기둥과 들보로 쓸 만한 재목이라는 뜻으로, 집안이나 나라를 떠받치는 중대한 일을 맡을 만한 인재를 이르는 말.

기를 기원한다. 만해 한용운의 주옥같은 어록을 모아 새로
운 말꽃모음으로 태어나게 해 준 단비 김준연 대표에게도
다시 한 번 고맙다는 인사를 드린다.

2021. 5. 5.

남한산성 만해기념관에서

철학박사 전보삼

차례

3부 하늘은 일하는 사람을 돕는다 ——————— 87

6부 나는 무한아이며 절대아다 —————— 173

일러두기

— 전보삼이 한용운의 어록에서 뽑고, 이주영이 풀어 써서 엮고, 성공 스님이
  감수했습니다.
— 요즘 청소년들이 알기 힘든 한자말은 우리말로 풀어서 썼습니다.
— 요즘 청소년들도 알아두면 좋을 한자말은 글 아래에 설명을 붙였습니다.
— 요즘 문법에 맞지 않아 번거로운 옛 문장은 읽기 쉽게 다듬었습니다.
— 뜻을 쉽게 살리기 위해서 의역을 하거나 순서를 바꾼 경우도 있습니다.
— 이 원고는 예버덩 문학의 집에서 완성했습니다.

萬海

1

—

자유는
생명이다

獨立宣言事件의控訴公判

韓龍雲의猛烈한獨立論

「國家의興亡은全혀요民族의責任」

「조선독립운동은일본의압박을피함이안이오
조션민족자신이스사로살고스사로놉힘이라」

【第四日下午의記錄】

1 독립을 위해 내 목을 내놓겠다

만일

내가 단두대에 나감으로 해서

나라가 독립된다면

추호도 주저하지 않겠다.

* 단두대(斷頭臺) : 프랑스 혁명 때 많은 사람들이 보는 광장에서 목을 잘라 죽이기 위해 만든 형틀. 곧 내 목이 잘려서 독립이 된다면 조금도 망설이지 않고 목숨을 내놓겠다는 뜻임.
* 추호(秋毫) : 가을철에 가늘어지고 가벼워진 털처럼 아주 작은 것이나 매우 적거나 조금인 것을 비유적으로 이르는 말.

— 《만해가 남긴 일화》(Ⅵ·368)

2 독립정신은 죽어도 바꾸지 않겠다

언제든지

독립을 위한 마음을

바꾸지 않을 것이다.

만일 몸이 없어진다면

정신만이라도

영세토록 가지고 있을 것이다.

* 영세(永世) : 영원한 세월.

— 《한용운(韓龍雲) 취조서(取調書)》(1·372)

³ 조선 독립은 해방 투쟁이다

조선의 독립은

제국주의에 대한 민족주의요

침략주의에 대한 약소민족의

해방 투쟁이다.

따라서

남의 힘으로 인정받으려는

청원이 아니라

민족 스스로의

결사 행동으로 나가지 않으면 불가능하다.

* 청원(請願) : 일이 이루어지게 해 달라고 부탁하거나 소원하는 것. 당시 독립청원
서로 쓰자는 의견이 있었는데, 이런 주장에 대해 한용운은 독립은 청원이 아니라
선언이라고 맞서면서 독립선언서를 발표하도록 한 것임.
* 결사(決死) : 죽음을 각오하고 앞으로 나섬.

— 《만해가 남긴 일화》(Ⅵ·358)

4 자유는 권리며 의무다

자유를 얻기 위해서는

생명을 터럭처럼 여기고

평화를 지키기 위해서는

희생을 달게 받는 것이다.

이것은 인생의 권리인 동시에

또한 의무이기도 한다.

—《조선독립(朝鮮獨立)의 서(書)》(I·346)

⁵ 자유는 생명이다

인생 생활의 목적은

참된 자유에 있는 것으로서

자유가 없는 생활에서

무슨 취미가 있겠으며

무슨 즐거움이 있겠는가.

자유를 얻기 위해서는

어떤 값도 아까워 할 것이 없으니

곧 생명을 바쳐도 좋을 것이다.

─《조선독립(朝鮮獨立)의 서(書)》(Ⅰ·351)

6 자유가 터럭만큼도 없다

일본은 조선을 병합한 후

압박에 압박을 더하여

말 한마디 발걸음 하나에까지

압박을 가하여

자유가 살아 있는 기운은

터럭만큼도 없게 되었다.

피가 없는 무생물이 아닌 이상에야

어찌 이것을 참고 견디겠는가.

— 《조선독립(朝鮮獨立)의 서(書)》(Ⅰ·351)

7 노예가 행복할 수 없다

어찌

자기 나라의 수천 년 역사가

외국의 침략에 의해 끊기고

몇 백, 몇 천만 민족이

외국인의 학대 밑에서

노예가 되고

소나 말이 되면서

이를 행복으로 여길 사람이 있겠는가.

* 이 글에서 외국은 일본 제국, 외국인은 일본인을 가리킴.

―《조선독립(朝鮮獨立)의 서(書)》(I·347)

하늘과 땅도 상처를 입었다

한 사람이

자유를 빼앗겨도

하늘과 땅의 화기가

상처를 입는 법인데

어찌

2천 만의 자유를 말살함이

이다지도 심하단 말인가.

이러니

조선의 독립을 도저히 막지 못할 것이다.

* 말살(抹殺) : 빼앗아 짓뭉개서 없애 버림.
* 화기(和氣) : 서로 함께하는 따스하고 부드러운 기운.

—《조선독립(朝鮮獨立)의 서(書)》(1·351)

9 자유는 남을 침해하지 않는다

참된 자유는

남의 자유를 침해하지 않음을

그 한계로 삼는 것으로서

약탈하는 자유는

평화를 깨뜨리는

야만스런 자유가 되는 것이다.

* 약탈하는 자유는 침략자와 범죄자들이 저지르는 죄악이며, 야만스런 자유는 강한 자 마음대로 하는 짐승의 세계나 독재 사회의 폭력으로 이런 자유는 자유라고 할 수 없음.

— 《조선독립(朝鮮獨立)의 서(書)》(I·346)

10 평화는 자유와 함께해야 한다

평화의 정신은 평등에 있으므로

평등은 자유의 상대가 된다.

따라서 위압으로 만드는 평화는

굴욕이 될 뿐이니,

참된 자유는 반드시 평화를 동반하고,

참된 평화는 반드시 자유를 함께 해야 한다.

실로 평화와 자유는 전 인류의 요구라 할 것이다.

—《조선독립(朝鮮獨立)의 서(書)》(I·346)

11 평화를 위한 전쟁은 없다

약자는 본래부터 약자가 아니오.

강자 또한 언제까지나

강자일 수 없는 것이다.

갑자기 천하의 운수가 바뀔 때에는

침략 전쟁의 뒤꿈치를 물고

복수를 위한 전쟁이 일어나는 것이니

침략은 반드시 전쟁을 유발하는 것이다.

그러므로

어찌 평화를 위한 전쟁이 있겠는가.

* 일본 제국주의자들이 동양 평화를 위해 청일전쟁(1985), 러일전쟁(1905), 심지어
대한 제국을 병합(1910)한다는 논리를 정면으로 비판하는 것임.

—《조선독립(朝鮮獨立)의 서(書)》(1·347)

아아, 일본인은 기억하라.

청일전쟁 후의 마관조약과

러일전쟁 후의 포츠머스조약 가운데서

조선 독립을 보장한 것은 무슨 의협이며,

그 두 조약의 먹물이 마르기도 전에

곧 절개를 바꾸고 지조를 꺾어

궤변과 폭력으로

조선의 독립을 유린함은 또

그 무슨 배신인가.

* 마관조약(馬關條約) : 1895년 4월 청일 전쟁에서 이긴 일본이 일본 시모노세키에서 청나라를 협박해서 일본의 타이완 점령과 조선 독립을 보장한다는 조약.

* 포츠머스조약 : 1905년 러일 전쟁에서 이긴 일본이 미국 뉴햄프셔 주 포츠머스에서 러시아를 협박해서 일본의 사할린 점령과 조선 보호권을 인정한다는 조약.

* 궤변(詭辯) : 이치에 맞지 않는 말. 동양 평화를 위해 전쟁을 한다는 일본 군국주의 침략 전쟁을 비판하는 것임.

* 일본은 청일 전쟁과 러일 전쟁 때 동양 평화를 위해 조선의 독립과 보호를 위해 싸운다고 하였음. 이런 일본 제국주의자들의 궤변과 거짓 주장과 배신을 일본인들도 기억하라고 촉구하는 것임.

—《조선독립(朝鮮獨立)의 서(書)》(1·354)

13 침략은 흉악한 마귀의 짓이다

어느 민족을 막론하고

문명이 수준은 차이가 있을지라도

피가 없는 민족은 없는 법이다.

이렇게 피를 가진 민족으로서

어찌 영구히 남의 노예가 됨을 달게 받겠으며,

나아가 독립자존을 도모하지 않겠는가.

그러므로 군국주의, 즉 침략주의는

인류의 행복을 희생시키는

가장 흉악한 마귀의 짓에 지나지 않는다.

어찌 이 같은 군국주의가

무궁한 생명을 유지할 수 있겠는가.

* 군국주의(軍國主義) : 군대의 힘으로 정부를 움직이고, 군사력으로 다른 나라를
협박하거나 침략해서 자기들 이익과 행복을 얻으려는 사상.

―《조선독립(朝鮮獨立)의 서(書)》(1·347)

14 천지신명이 꾸짖고 있다

나라를 잃은 뒤

때로는

근심 어린 구름

쏟아지는 빗발 속에서도

조상의 통곡을 보고,

한밤중 고요한 새벽에

천지신명의 꾸짖음을 듣는다.

* 천지신명(天地神明) : 하늘과 땅을 밝히고 주관하는 신.

—《조선독립(朝鮮獨立)의 서(書)》(1·351)

15 그동안 피눈물을 흘렸다

조선인은

사람이 안 보는 곳에서

피와 눈물을 흘렸다.

이것이 일제 강점 이후

곧 10년에 걸친

조선 민족의 수탈이었다.

아아, 진실로 일본인이

인간의 마음을 가졌다면

이 같은 일을 행하고도

꿈에서나마 편안할 것인가.

— 《조선독립(朝鮮獨立)의 서(書)》(1·352)

16 민족의 자유를 기원하였다

조선인은

일본 헌병이 쓴 모자 그림자만 보아도

독사나 맹호를 본 것처럼 피하였으며

무슨 일이나 총독 정치에 접할 때마다

자연히 5천 년 역사의 조국을 돌아보며,

2천 만 민족의 자유를 기원하였다.

—《조선독립(朝鮮獨立)의 서(書)》(1·352)

17 총독 정치는 곁가지다

일제 강점을 깨뜨리고

독립하는 것이 근본 해결책이므로

총독 정치가 아무리 극악해도

이에 대해 보복을 할 이유가 없고

아무리 완전한 정치를 한다 해도

감사의 뜻을 나타낼 까닭이 없어

결국 총독 정치는

지엽적 문제로 취급했던 까닭에

10년 동안 조선인이 크게 반대하거나

보복하는 행동을 하지 않았던 것이다.

---

* 지엽적(枝葉的) : 나무 기둥 줄기가 아니라 옆으로 나간 곁가지.
* 당시 일제 총독 정치만 바꿔서 민족자치론을 요구하자는 주장도 있었는데, 한용운은 이런 민족자치론이나 총독부의 포악한 정치에 대한 비판은 필요 없고 오직 민족독립이 근본 해결책이라는 것을 강조하는 것임.

— 《조선독립(朝鮮獨立)의 서(書)》 (1·352)

18 민족 독립은 불멸의 정신이다

조선인은

총독 정치의 학정 아래 노예가 되고

소와 말이 되면서도

총독 정치를 별로 중요하게 보지 않았다.

왜냐하면 총독 정치 이상으로

강점이란 근본 문제가 있었던 까닭이다.

다시 말하면,

언제라도 강점을 깨뜨리고

독립 자존을 꾀하려는 것이

우리 민족의 머리에 박힌 불멸의 정신이다.

* 학정(虐政) : 함부로 죽이고 빼앗는 아주 나쁜 정치.
* 불멸(不滅) : 없어지거나 사라지지 않음.

─《조선독립(朝鮮獨立)의 서(書)》(1·352)

반만년 역사를 가진 나라다

반만년 역사를 가진 나라가

오직

군함과 총포의 수가

적은 이유 하나 때문에

남의 유린을 받아

역사가 단절되기에 이르렀으니,

누가 이를 참으며

누가 이를 잊겠는가.

* 반만년(半萬年) : 반만년은 오천 년으로 우리 민족의 역사를 의미함.
* 유린(蹂躪) : 권리나 인격을 마구 짓밟힘.

―《조선독립(朝鮮獨立)의 서(書)》(Ⅰ·351)

20 역사와 전통과 실력이 있다

조선인은

당당한 독립 국민의

역사와 전통이 있을 뿐만 아니라

현대 문명을 함께 나눌 만한

실력이 있는 것이다.

* 역사와 전통 : 오천 년 동안 독립 국가를 세워서 살아온 역사와 전통.

―《조선독립(朝鮮獨立)의 서(書)》(I·349)

조선의 독립은 막지 못한다

민족의 자존성은

항상 자존성에 따라 팽창하며

그 한도는

독립자존의 길에 이르지 않으면

멈추지 않는 것이니

그 누구도

그 무엇으로도

조선의 독립을 감히 막지 못할 것이다.

* 독립자존(獨立自存) : 스스로 독립하여 자기 힘으로 살아감.

—《조선독립(朝鮮獨立)의 서(書)》(I·351)

22 결코 멈추지 않을 것이다

인심은 물과 같아서

막을수록 흐르는 것이니

조선의 독립은

산 위에서 굴러 내리는 둥근 돌과 같이

목적지에 이르지 않으면

그 기세가 멎지 않을 것이다.

—《조선독립(朝鮮獨立)의 서(書)》(1·354)

23 국가는 정신으로 세우는 것이다

국가는

모든 물질문명이

완전히 갖춰진 후에라야

꼭 독립되는 것은 아니다.

독립할 만한 자존의 기운과

정신적 준비만 있으면 충분한 것이다.

* 자존(自存) : 자기 스스로 존재함. 그런 기운.
* 정신적(精神的) 준비(準備) : 독립하겠다는 마음과 정신이 있으면 됨.
* 당시 일본 정부와 경찰이 조선은 물질문명 수준이 낮아 독립할 능력이나 준비가 안 되어 있다고 선전하고, 조선인 가운데서도 친일파들은 우리가 아직 독립할 준비가 안 되었으니 독립보다는 자치를 요구하자는 주장에 반대하는 것임.

—《조선독립(朝鮮獨立)의 서(書)》(1·349)

24 민족 자결은 행복의 뿌리다

각 민족의 독립 자결은

자존성의 본능이요

세계의 큰 흐름이며

하늘이 찬동하는 바로서

전 인류의 앞날에 올 행복의 뿌리다.

누가 이를 억제하고,

누가 이것을 막을 것인가.

* 찬동(贊同) : 그 의견이 좋고 옳다고 찬성하고 동의함.

—《조선독립(朝鮮獨立)의 서(書)》(I·348)

민족 독립은 행복의 근원이다

각 민족이 독립해서

스스로 살아가려는 것은

자기 존재를 깨닫는 본능이요

세계의 큰 흐름이며

하늘이 찬동하는 일로서

모든 인류의 앞날에 올 행복의 근원이다.

누가 이를 억제하고

누가 이를 막을 것인가.

* 근원(根源) : 물이 흘러서 나오기 시작하는 곳. 모든 일의 바탕이 되고 뿌리가 되는 것.

— 《조선독립(朝鮮獨立)의 서(書)》(1·348)

26 민족의 자존성은 인류의 본성이다

한 민족이

다른 민족의 간섭을

받지 않으려 하는 것은

인류가 공통으로 가진 본성으로서

이 같은 본성은

남이 꺾을 수 없는 것이며

또한 스스로

자기 민족의 자존성을 억제하려 하여도

되지 않는 것이다.

* 자존성(自存性) : 스스로 자기가 존재하며, 독립성을 갖고 있음

—《조선독립(朝鮮獨立)의 서(書)》(Ⅰ·350)

민족 자결은 세계 평화로 가는 길이다

민족 자결은

세계 평화의 근본적인 해결책이다.

민족 자결주의가 성립되지 못하면

아무리 국제연맹을 조직하여

평화를 보장한다 하더라도

결국에는 헛된 일로 돌아가고 말 것이다.

왜냐하면,

민족 자결이 이룩되지 않으면

언제라도 싸움이 잇달아 일어나

전쟁이 계속될 것이기 때문이다.

* 민족 자결주의(民族自決主義) : 각 민족은 독립해서 자기 문제를 스스로 해결하
면서 국제사회에서 평등하고 행복하게 살아갈 권리가 있음을 주장하는 사상.

— 《조선독립(朝鮮獨立)의 서(書)》(1·351)

28 우리를 막으면 세계 대전으로 간다

만일 일본이

침략주의를 여전히 계속하여

조선의 독립을 부인하면

이는 동양 또는 세계 평화를

교란하는 일로서,

아마도 앞으로

중·일(中日) 미·일(美日) 전쟁을 일으키고

세계적 연합 전쟁으로 나가게 될 것이다.

* 이 글은 한용운이 1919년 3월 1일 독립선언서를 발표하는 민족대표여서 감옥에 갇혀 있을 때 쓴 글인데, 이때 이미 만일 일본이 조선 독립을 부인하고 세계가 조선독립을 돕지 않으면 중일 전쟁과 미일 전쟁, 나아가 세계 대전이 일어날 수 있다고 경고하는 것임. 18년 뒤인 1937년 중일 전쟁, 22년 뒤인 1941년 미일 전쟁, 제2차 세계 대전이 일어났음.

— 《조선독립(朝鮮獨立)의 서(書)》(Ⅰ·353)

29 자유정신을 발휘하라

오늘

우리가 일으키는 이 일은

정의 인도와

생존 존영을 위하는

민족적 요구이니

자유 정신을 발휘할 것이요,

결코 남을 배척하려는 감정으로

나가려 하지 말라.

* 정의인도(正義人道) : 사람과 인류 사회를 위해서 가야 하는 바른 길.
* 생존존영(生存尊榮) : 사람답게 살고, 삶의 가치를 높이기 위함.

— 독립선언서 공약삼장 하나

30 정당한 의사를 발표하라

최후의 한 사람까지

최후의 한 순간까지

민족의 정당한 의사를 쾌히 발표하라.

* 쾌(快) : 기쁘게, 즐겁게, 힘차게.

— 독립선언서 공약삼장 하나

31 광명정대하게 하라

모든 행동은

가장 질서를 존중하여

우리들 주장과 태도를

어디까지든지

광명정대(光明正大)하게 하라.

* 광명정대(光明正大) : 말과 행동을 크게 바르고 밝고 빛나게 함.

— 독립선언서 공약삼장 하나

32 민족 대표의 책임이 중요하다.

오늘

우리가 모인 것은

조선의 독립을 선언하기 위하여

자못 영광스러운 날이며

우리는 민족 대표로서

이와 같은 선언을 하게 되어

그 책임이 중요하니

오늘 이후 함께 마음을 모아

조선 독립을 위한 일을 하지 않으면 안 된다.

—《한용운(韓龍雲) 취조서(取調書)》(I·365)

청년들이
어둠을 깨야 한다

「獨立은 民族의 自尊心」

「독립은남을배척함이아니라」

고 엄격한 한룡운의 독립의 견

韓龍雲

그다음에불교대표한룡운을심리
하기시작하얏다

쇠울은엇지하야왓던가

유심(唯心)잡지를발근하기위
하야왓소

을 자세히 알려면 내가다시
법원검사청의부탁으로「조서
독립에대한감상」이라는것을
감옥에쉬지온것이잇스니그게
울갓다가보면다—알듯하오

작년일일에 최린과한께독립
운동에따하야)상뇌한일이잇

1 청년한테 힘이 있어야 한다

가정이나 사회나 국가나

어느 것을 물론하고

청년한테 힘이 없으면

그 전체가

건전할 수는 없는 일이다.

청년이 없는 가정이

융성할 수가 있으며

청년이 없는 사회가

진보할 수 있으며

청년이 없는 국가가

힘차게 발전할 수 있겠는가.

— 《불교청년운동(佛敎靑年運動)을 부활(復活)하라. 불교 신 10집. 1938.2.1.》(II·209)

2 죽느냐 사느냐 갈림길이다

죽느냐 사느냐의

갈림길에 처한

우리의 절박한 운명을

똑바로 꿰뚫어 보고

침착하게 불요불굴의 꾸준한 노력으로

무엇을 단단히

계획하지 않으면 안 된다는 것이다.

* 우리의 절박한 운명 : 일제 침략으로 우리 민족이 죽느냐 사느냐는 절박한 운명
에 처했음을 똑바로 보라는 것임.
* 불요불굴(不撓不屈) : 결심을 바꾸거나 굽히지 않음.

—《정신적(精神的) 동요(動搖)가 없도록 - 신년(新年)을 맞아 조선청년(朝鮮靑年)에게. 중앙 2권 2호.
1934〉(Ⅰ·287)

³ 겨레가 살 길을 열기 바란다

뚜렷한 자기 주장이나 의견이 없으면

정신이 흔들리지 않을 수 없으며

또 일이 이루어질 가능성이 없는 계획은

중도에 좌절하고 마는 것이니

청년 여러분은 특히 이 점에 유의하여

우리 겨레가 다시 살아날 길을 열어

새로운 건설이 있기를 바라는 바이다.

* 여기서 청년들이 가져야 할 뚜렷한 자기 주장이나 의견이란 곧 우리 겨레를 일본 제국주의 침략으로부터 구해내서 새로운 나라를 세우는 길로 가는 주장이나 의견을 말함.

―《정신적(精神的) 동요(動搖)가 없도록 - 신년(新年)을 맞아 조선청년(朝鮮靑年)에게. 중앙 2권 2호. 1934》(I·287)

청년이 힘을 모아야 한다

청년의 수가

아무리 많다 할지라도

청년다운 청년이 없으면

청년이 없는 것과 마찬가지요,

청년다운 청년이 다소 있다 할지라도

단체로 그들의 힘을 모아

함께 활동하지 아니하면

전체로 볼 때 청년이 거의 없는 것과

큰 차이가 없는 것이다.

—《불교청년운동(佛敎靑年運動)을 부활(復活)하라. 불교 신 제10집. 1938.2.1.》(Ⅱ·209)

5 청년의 단체 활동이 소중하다

인류의 어느 사회든지

청년이 귀한 것이요,

청년은 단체 활동이 귀한 것이다.

활발한 청년의 단체 활동이야말로

앞에 막을 자가 없고

뒤에 방해꾼이 없는 것이다.

어찌 아름답지 아니하리오.

―《불교청년운동(佛敎靑年運動)을 부활(復活)하라. 불교 신 10집. 1938.2.1.》(Ⅱ·209)

6 단체를 잘 운영해야 한다

아무리

많은 사람이 모인 집단이라 할지라도

그 단체를 운용하는

서로가 긴밀하게 주고받는 작용이 부족하면

그 단체의 행복을 증진하지 못할 뿐 아니라

도리어 시끄럽게 다투는 폐해를 일으키느니

그것은 차라리 각각 고립하여

단체를 운영하지 않는 것보다도 못한 것이다.

— 《교정연구회(敎政硏究會) 창립(創立)에 대하여. 불교 106호 1933.4.1.》(II·130)

7 단체는 스스로 돕는 것이다

통제 기관이라는 것은

강력한 절제를 의미하는 것이요

단합 기관이라는 것은

협조 정신을 중심으로 하는 것이다.

강력한 절제는 복종이 의무요

협조 정신은 스스로 나서서 돕는 것이다.

* 통제 기관은 군사 조직이나 국가 조직처럼 강력한 힘을 바탕으로 조직한 기관을
말하고 단합 기관은 시민 단체처럼 민간이 같은 목적을 갖고 만든 모임을 가리킨
다. 이러한 단체는 회원들이 자기 뜻으로 협조하는 정신이 있어야 한다는 뜻을 담
고 있다.

—《조선불교(朝鮮佛敎) 통제안(統制案). 불교 신 2집 1937.4.1.》(II·179)

8　모든 개인이 자각해야 한다

단합 기관인 단체는

그 단체를 구성하는 분자, 곧 개인 모두가

상당한 수준의 자각에 이르지 못한 사회에서는

도저히 아름다운 결과를 보기가 어려운 것이다.

* 자각(自覺) : 자기 책임이나 의무를 스스로 깨달음.
* 사회 단체가 잘 되기 위해서는 자각한 개인이 많아야 한다는 뜻으로 요즘 깨어
있는 시민이 많아야 민주 사회기 발전할 수 있다는 말과 같다.

— 《조선불교(朝鮮佛敎) 통제안(統制案). 불교 신 2집 1937.4.1.》 (Ⅱ·179)

단체 책임자는 성의가 필요하다

단체를 이끌어 가는 책임자로는

성의와 수완 두 가지를 다 갖추어야

비로소 원만한 효과를 얻는 것이다.

그러나 부득이 둘 다 갖추지 못한 경우에는

차라리 수완보다 성의가 필요할 것이다.

* 성의(誠意) : 참되게 정성을 다하는 마음.
* 수완(手腕) : 일을 만들거나 해결해 나가는 능력.
* 성의와 수완을 다 갖추면 좋지만 어쩔 수 없이 한 가지 능력만 있는 사람 선택할
때는 수완보다 성의가 있는 사람을 단체 지도자로 선택해야 한다.

—《불교신임(佛敎新任) 중앙간부(中央幹部)에게. 불교95호 1932.5.1.》(II·177)

물론 성의만으로

어떠한 책임이든지

완성하는 것은 아니다.

그러나

사람이 하는 일에 있어서는 언제든지

진정한 성의가 기본이 되는 것은

거의 변하지 않는 철칙이 되기 때문이다.

* 철칙(鐵則) : 쇠처럼 단단하게 정해진 기본 원칙.

— 《불교신임(佛敎新任) 중앙간부(中央幹部)에게. 불교95호 1932.5.1.》(Ⅱ·177)

11 한 가지를 정해서 돌진하라.

무엇이든지

어떤 학문이든지

한 가지를 정해서 돌진하여

그곳에서 진리를 깨닫고

그것으로 큰 사업도 경영해 보고

사회 건설에 도움이 되어 볼 것이다.

― 《전문지식(專門知識)을 갖추자. 별건곤 4권 4호. 1928.6.》(I·285)

12 전문 지식을 연구해야 한다.

내가 언제나 생각하고 있는 것은

사람마다 제각기

전문 지식을 연구하여야 하겠다는 것이다.

따라서

나에게 청춘이 다시 돌아온다면

무슨 학문이든지

과학이고, 철학이고

하나를 붙잡고 돌진 전공하겠다.

— 《전문지식(專門知識)을 갖추자. 별건곤 4권 4호. 1928.6.》(Ⅰ·285)

13 침착하고 끈기가 있어야 한다.

내가 만일 청년을 구한다면

침착성 있고 끈기 있는 청년이겠습니다.

침착치 않은 이는

줏대 없이 가볍게 움직이고

끈기가 없는 이는

한때 행위에 그치고 마는 까닭입니다.

— 《전문지식(專門知識)을 갖추자. 별건곤 4권 4호. 1928.6.》(Ⅰ·285)

침착하고 끈기 있는 청년을 요구한다

청년들이

흔히 일에 실패하는 까닭은

대개가 침착치 못하고 끈기가 적은데

그 원인이 있는 줄 압니다.

큰 사업은 상당한 시간과

상당한 노력을 요구하는 것인 만큼

일부러라도

침착하고 끈기 있게 나가는

청년을 요구합니다.

— 《전문지식(專門知識)을 갖추자. 별건곤 4권 4호. 1928.6.》(I·285)

15 눈을 들어 멀리 보라

발 아래를 보라.

발을 붙이고 선 땅을 보라.

발을 내려놓을 그 앞을 보라.

또 그 앞으로 보라.

그래서

눈을 들어 멀리 눈 가는 끝을 보라.

달려갈 자는

온몸으로 준비하지 않으면 안 된다.

마음을 다해 긴장하지 않으면 안 된다.

몸과 마음이

함께 달려가지 않으면 안 된다.

피곤은 몸과 마음이 따로 가서

하나로 모으지 못하는 때에 일어나는 것이다.

— 《눈을 들어 멀리 보라. 불교 신 2집. 1937.4.1.》(II·357)

16 생각을 위대하게 가져야 한다

세상 사람은

고통을 무서워하여

구차스럽게 피하고자 하기 때문에

비루한 데 떨어지고

부끄러운 이름을 듣게 되나니

한 번 엄숙한 인생관 아래에

고난의 칼날을 밟는 곳에 쾌락이 있고

지옥을 향하여 들어간 후에는

그곳을 천당으로 만들 수 있으니

우리의 생각은 더욱 위대하고

더욱 고상하게 가져야 하겠다.

— 《「동아일보」 1921.12.24.》

17 당장 큰 각오와 용단을 내려라

오늘날 청년들은

나처럼 나이 늙고

기력이 쇠약해진 뒤에

또 다시

나와 같은 잘못을 되풀이 하지 말고

오늘 이 자리에서 당장

큰 각오와 큰 용단을 내려서

전문 지식을 연구하여

장래의 우리, 영구한 나를

좀 더 행복스럽게 빛나고

아름다운 사회 생활을 하도록

노력하라고 충고하고 싶다.

— 《전문지식(專門知識)을 갖추자. 별건곤 4권 4호. 1928.6.》(I·285)

18 아름답고 좋은 일을 택하라

사람은 마땅히

만 가지 사람살이 가운데

자기 취미에 맞으면서도

아름답고 좋은 일을 택하여

이를 연구하고 이를 실행하기 위해서는

어떤 장애도 배제하고

어떤 희생도 불사할지라.

— 《조선청년(朝鮮青年)과 수양(修養). 유심 1호. 1918.9.1.》(1·266)

19 청년들이 수양을 해야 어둠을 깬다.

수양이 있는 사람에게는

지식은 비단과 같고

학문은 꽃과 같아

세상을 비추는 빛은 능히

사회의 어둠을 깨뜨릴 것이니

어찌

자기 한 사람만을 위하여 축하하리요.

―《조선청년(朝鮮靑年)과 수양(修養). 유심 1호. 1918.9.1.》(1·266)

20 청년이 수양을 해야 빛난다

가장

좋은 것을 가짐에도

수양에 있고

마지막 승리도

수양에 있으니

청년이 앞으로 빛남도

수양에 있느니라.

* 수양(修養) : 몸과 마음을 부지런히 갈고 닦아 정신과 도덕과 인품을 드높게 끌
어올리는 것.

— 《조선청년(朝鮮靑年)과 수양(修養). 유심 1호. 1918.9.1.》(1·268)

21 인격은 한결같은 분투의 불꽃이다.

인격의 빛은

어느 순간 이룬 능력이

반사하는 것이 아니라

한결같은 분투로 이뤄내는 불꽃이니라.

* 반사(反射) : 거울처럼 빛이 되비치는 것.
* 분투(奮鬪) : 있는 힘을 다해서 맞서 싸우거나 노력하는 것.

— 《조선청년(朝鮮靑年)과 수양(修養). 유심 1호. 1918.9.1.》(1·266)

자신들이

반성해야 할 일인데도

반성하지 못하고

자치에 맡긴 일까지도

자치하지 못한다면

그것은 국민으로서

치욕임은 말할 것도 없으며

그 한 사람에 있어서도 불행한 파산이다.

— 《불교도(佛教徒)의 권위(權威). 불교 신 17집.1938.11.1.》(II·362)

23 칭찬한다고 억지로 하지 말자

남이 훼방한다고

스스로 자신 있게

하고자 했던 일을 안 하거나

남이 칭찬한다고

스스로 양심에

하기 싫은 일을 억지로 함은

대단히 옳지 못한 일이니라.

— 《훼예(毀譽). 유심 3호. 1918.12.1.》(I·280)

구차한 사랑은 행복이 아니다

사랑이라는 것은

구차히 요구할 것은 못 되는 것입니다.

사랑이라는 것도

사람이 하는 일 가운데 한 가지여서

구차히 요구한다고 되는 것도 아니요

되더라도 구차한 행동으로

인격을 먼저 잃는 것이어서

아름다운 행복이 되지 못하는 것입니다.

* 구차(苟且) : 말이나 행동이 떳떳하지 못함.

—《구차한 사랑은 불행(不幸)을 가져온다. 중앙 2월호 1934》(1·286)

25 한때 가난은 하늘이 주는 실습이다

한때 가난과 어려움은

비상한 큰 인격을 갈고 닦을 수 있게

하늘이 준 스승이고 벗이요.

실습을 할 수 있는 교육이니라.

— 《고학생(苦學生). 유심 1호. 1918.9.1.》(I·272)

옳지 않은 장학금을 받으면 안 된다

고학은

정당한 일이라 할 것이나

이를 위하여 옳지 않은 도움을 얻음은

안 될 일이고,

또 구차스레 도움을 얻는 길을 열기 위하여

정신이 비굴해지면 안 되니

만일 고학을 이유로

옳지 않은 도움을 받아서

비굴한 정신이 생기면

이는 학문으로 얻는 이익보다

정신으로 잃는 손해가 더 많을지니

정신을 잃어버리는 것은

일생의 불행이니라.

* 고학(苦學) : 집안이 가난하여 혼자 힘으로 학교에 다님.
* 비굴(卑屈) : 사람답게 떳떳하지 못하고 다른 사람한테 종처럼 무조건 굽실거리는 마음이나 태도.
* 1918년 당시 조선총독부나 친일 단체에서 친일파로 기르기 위해 고학생들에게 장학금을 주었음. 아무리 힘들어도 이런 돈은 받지 말라는 뜻임.
* 일생(一生) : 평생, 사람으로 사는 동안.

— 《고학생(苦學生). 유심 1호. 1918.9.1.》(1·272)

27 참된 가치를 지키자

사람이 어찌

한때 돈이 없어

어렵고 힘들다 해서

이를 참지 못하여

인생의

진가를 떨어뜨리리오.

* 진가(眞價) : 참된 가치.

—《고학생(苦學生). 유심 1호. 1918.9.1.》(I ·273)

28 인생의 가치를 지켜야 한다

괴로움을 참고

그 지조를 변치 아니하며,

스스로 자신의 행복과 즐거움을 희생하여

중생을 이롭게 하면,

인생의 참된 가치는 여기에 있다.

* 지조(志操) : 사람답게 사는 바른 원칙에 따라 마음에 품은 뜻을 꿋꿋하게 지키
는 것.
* 중생(衆生) : 불교에서 모든 사람을 비롯해 생명을 가진 모든 무리를 뜻하는 말.

—《고학생(苦學生). 유심 1호. 1918.9.1.》(1·273)

29 하늘로부터 받은 정신을 발휘하라

인생의 참된 가치는

비싼 옷이나 좋은 차,

많은 돈이나 높은 지위를 차지하여

일생을 편한 것만 즐겨하면서

지내는 데에 있음에 아니라,

어떠한 힘든 어려움에 처하여도

하늘로부터 받은 그 정신을 발휘함에 있다.

—《고학생(苦學生). 유심 1호. 1918.9.1.》(I·273)

30 작은 일부터 잘하자

작은 일에 잘못하는 사람이

어찌 큰일에서만 잘하는 법이 있으랴.

현실에 충실하여

작은 일로부터

큰 것으로 꾸준히 나아감으로써

모든 성공이 올 줄 안다.

무슨 일이건 이루고 난 뒤에 보면

그 일을 이룰 때까지 겪은

고심과 노력에 비하면 평범하다.

그러나 평범을 떠난

그 무엇이 없음을 알 때에

우리는 평범한 작은 일에

무한한 존경과 위대함을 느낀다.

* 고심(苦心) : 마음이 힘들어 몹시 애를 쓰거나 속을 태움.

— 《작은 일부터. 근우 창간호. 1929. 5. 10.》(II·365)

31 자신을 믿고 힘차게 살자

사람이 진실로 자신이 있을진대

온 세상 사람이 다 훼방하여도

조금도 동요하지 아니하고

그 자신의 이상을 실현하기 위하여

힘차게 나갈 뿐이다.

어찌

남이 훼방하거나 칭찬하는데 따라

내 마음까지 싫어하거나 좋아하며

내가 할 일을 계속하거나

멈추기를 좌우하게 하리요.

—《훼예(毁譽). 유심 3호. 1918.12.1.》(I·280)

萬海

3

하늘은
일하는 사람을
돕는다

◇地獄에서極樂을求하리…하류운씨옥중감상◇

이십이일오후에 경성감옥에서가출옥한 놉흔한류운(韓龍雲)씨를 가회동(嘉會洞)으로방문한즉 씨는 수쳑한얼골에 침착한빗을띄우고말하되「내가옥중에서엇긴것은고통속에서쾌락을엇엇고 디옥속에서 텬당을구하라는 말이올시다…가경련으로는 여러번그런한말을보앗스나 실상몸으로 당하기는 처음인데다른사람은 엇더하얏는지모르나 나는그속에서도쾌락으로 지낫슴니다 세상사람은 고통」를무서워하야구차로히피하고자하기떄문에 비루한데떠러지고 고통」를미한일홈을늘 듯게되나니 한번엄숙한인성관아리에 고통의칼날을한밥는곳에 쾌락이거긔잇고 다음을 향하야드러간후에는 그곳을 텬당으로

1 하늘은 일하는 사람을 돕는다

만일

하늘과 신이 사람을 돕는다 하면

하소연하는 사람과

아첨하는 사람도 돕지 아니하고

원망하는 사람과

책망하는 사람도 돕지 아니한다.

하소연하지도 않고

아첨하지도 않고

원망하지도 않고

책망하지도 않고

자기가 자기 일 하는 사람을 도우리라.

―《무용(無用)의 노심(勞心). 유심 3호. 1918.12.1.》(I ·283)

2 인생의 최대 기회는 현재에 있다

지난 일을

뉘우치고 한탄하기만 하면

과거의 노예가 되며

앞으로 일을

생각으로만 짓고 있으면

미래의 포로가 된다.

이는 지혜로운 사람이 할 일이 아니다.

과거는 이미 간지라

다시 돌아오지 못하고,

미래는 아직 오지 아니한지라

미리 끌어 오지 못하느니

인생의 최대 기회는 현재에 있고

현재에서도 모든 사람살이

열 가지 가운데 아홉 가지 이상은

평범한 작은 일에 있다.

―《무용(無用)의 노심(勞心).유심3호. 1918.12.1.》(I·282)

3 기회는 다시 오지 않는다

기회를 한 번 잃으면

죽어서 천 년이 지나도 원통하고

뉘우치게 된다.

기회는 다시 오기 어렵고

사람 목숨은 영원히 살지 못하기 때문이다.

* 천연(遷延) : 일이나 날짜 따위를 미루고 지체함.

— 《천연(遷延)의 해(害). 유심 3호. 1918.12.1.》(I·279)

4 기회를 놓치면 실패한다

일을 이루는 것은 기회가 있고

인생은 한정된 수명이 있는지라,

한정된 수명이 있는 인생으로

기회가 있을 때 이루지 않고

게을러 지체하고 미룬다면

어찌 실패하지 않을 수가 있으리오.

* 지체(遲滯) : 특별한 까닭 없이 해야 할 일을 늦추거나 질질 끎.

— 《천연(遷延)의 해(害). 유심 3호. 1918.12.1.》 (I ·279)

5 미루는 사람에겐 기회가 없다

지체하고 미루는 사람은

평소의 할 일에 대하여

오늘에는 내일로 미루고

내일에는 또 내일로 미루니

알맞은 기회가

한 번만 오는 것이 아니라

오고 또 오는 줄로 알고

첫 번째 기회를 잃으면

두 번째 기회가 오고

두 번째 기회를 잃으면

세 번째 기회가 오리라 하여

한 번 잃고 두 번 잃음을

싫어하지 않을 것이니

미루는 사람에게 무슨 기회가 있으리오.

* 시기(時機) : 어떤 일을 하기에 알맞은 때나 기회.
* 나이나 장소에 따라 꼭 해야 하는 일을 시기에 맞는 일이라고 함.

— 《천연(遷延)의 해(害). 유심 3호. 1918.12.1.》(I ·279)

6 기회는 만드는 것이다

사람은

스스로 오는 기회만

기다리는 자가 아니오.

스스로 기회를 촉진하고

시세를 창조하는 자다.

기회를 촉진하고

시세를 창조하기 위해서는

오직 끊임없는 노력과

용맹한 정진이 있을 따름이니라.

* 촉진(促進) : 일을 더 빨리 이루거나 앞으로 나가게 함.
* 시세(時勢) : 그 때 자기 주변 상황이나 사회가 움직이는 형편.

—《천연(遷延)의 해(害). 유심 3호. 1918.12.1.》(I ·279)

7 기회는 노력하는 자에게 오는 것이다

기회라 함은

오랫동안 노력을 실천하는 자에 대한

어느 순간

자연스럽게 오는

기이한 인연을 말함이요,

게으르거나

우습게 여기거나

미루는 자에게

우연히 성공을 가져다주는 것은 아니다.

* 기이(奇異)한 인연(因緣) : 생각하지 못했던 일이나 아무리 생각하고 알아봐 어떻게 그런 일이 생겼는지 알 수 없어 아주 우연한 것처럼 보이는 좋은 인연. 기연(機緣)이라고도 함.

— 《천연(遷延)의 해(害). 유심 3호. 1918.12.1.》(1·279)

8 기회는 노력으로 만드는 것이다

기회는

돛단배를 타고 가는

항해자에게는 순풍과 같고

농부에게는

때 맞춰 내리는 비와 같으니

어찌 배를 타고 나가지 않는 자로 하여금

가려던 항구에 갈 수 있게 하며

어찌 농사를 짓지 않는 사람한테

가을에 농작물을 얻는 기회가 있으리오.

* 순풍(順風) : 돛단배가 가는 쪽으로 불어주는 바람. 돛으로 가는 배는 순풍을 만
나야 쉽게 갈 수 있고 역풍을 만나면 갈 수 없음.

— 《천연(遷延)의 해(害). 유심 3호. 1918.12.1.》(1·279)

9 노력하는 사람에게는 기회가 아닌 때가 없다.

노력하고

힘차게 나가는 사람에게는

기회가 아닌 때가 없고,

게을러서

일마다 미루는 사람에게는

기회 오는 때가 없다.

— 《천연(遷延)의 해(害). 유심 3호. 1918.12.1.》(Ⅰ·279)

노력하면 이룰 수 있다

노력을 안 하면

하나도 이룰 것이 없고

노력하면

하나도 이루지 못할 것이 없다.

— 《사원(寺院)의 위치(位置). 조선불교유신론(朝鮮佛敎維新論)》(Ⅱ·69)

11 게으른 사람에겐 기회가 없다

뭍에 올라서

수레를 모는 사람한테는

바람이 필요가 없고

떠돌아다니는 사람한테는

농사 시기 맞춰 오는 비가

필요하지 아니함과 같이

게을러서

미루는 사람에게는

기회가 적용되지 않는다.

─《천연(遷延)의 해(害). 유심 3호. 1918.12.1.》(Ⅰ·279)

12 미루는 것이 실패의 원천이라

심하다

일을 지체하고 미룸이여

사람의 앞길을 막음이여

어떤 것이 미루어서 이루는 것이 있으리오.

천연(遷延)은 곧 게으름의 증상이요.

실패의 원천이라.

* 천연(遷延) : 계획을 특별한 까닭 없이 자꾸 미루기만 하는 것.
* 원천(源泉) : 물이 흐르기 시작하는 곳. 어떤 일의 시작.

—《천연(遷延)의 해(害). 유심 3호. 1918.12.1.》(1·279)

13 미루는 자는 삶도 죽음도 없다

미루는 자는

삶도 없고 죽음도 없느니라.

미루는 자가

백년을 산다 해도 그 삶은

용감히 전진하는 자의

하루만도 못한 까닭이다.

— 《천연(遷延)의 해(害). 유심 3호. 1918.12.1.》(I·280)

14 미루는 해로움은 끝이 없다

미루는 사람은

태어나서 죽음에 이르기까지

죽지 않아 살아있을 뿐이니

살아있다 해서 무슨 뜻이 있으리오.

미루는 버릇으로 생기는 해로움이

어찌 끝이 있으리오.

─《천연(遷延)의 해(害). 유심 3호. 1918.12.1.》(1·280)

15 나를 구덩이에 파묻지 마라

자신이 견고하여

노력하고 분투하면

몸 밖에서 일어나는

어떤 일이라 하더라도

누구라도 나를

퇴보라는 구덩이에 파묻지

못하느니라.

* 견고(堅固) : 굳세고 단단함.

―《고학생(苦學生). 유심 1호. 1918.9.1.》(I ·274)

16 노력하면 성공을 단축할 수 있다

그대로 버려두면

십 년 갈 것이라도

우리가 노력하면

3년이라든지

4년 동안에 성공할 수 있도록

그것을 단축시킬 수 있다.

—《여성(女性)의 자각(自覺). 동아일보 1927.7.3.》(Ⅰ·284)

17 온 힘을 다해야 한다

부호와 영웅은

아무 일도 안 하는데

그냥 나오는 게 아니라

많은 노력과

힘껏 싸워서 쌓아야 얻는 것이니

부호는

부호 될 만한 부지런함이 있어야 하고

영웅은

영웅 될 만한 싸움에 온 힘을 다해야 한다.

—《조선청년(朝鮮靑年)과 수양(修養). 유심 1호 1918.9.1.》(1·267)

고통은 이겨내야 한다

고통을 인내하지 못하고

자기 편히 살겠다는 공부만 하는

마음씨 더럽고 못된 사람이

어찌 감히 큰일의 성공을 말하리오.

농사짓는 수고를 인내하지 못하는 농부가

어찌 가을의 수확을 기약하며,

형설의 고통을 인내하지 못하는 선비가

어찌 국가 사회를 위하는 성공을 바라리오.

칠전팔기가 인내를 대표한 말이라면

백절불굴도 또한 기억해야 할 말이다.

* 형설(螢雪) : 가난을 견디면서 여름에는 반딧불이, 겨울에는 눈을 뭉친 빛으로
공부했다는 옛이야기.
* 칠전팔기(七顚八起) : 일곱 번 넘어져도 여덟 번 다시 일어나 성공시킴.
* 백절불굴(百折不屈) : 백 번을 꺾여도 굽히지 않고 다시 일어남.

—《인내(忍耐). 불교 신 14집 1938.7.1.》(II·343)

19 남의 노력을 존경해야 한다

남의 노력에 대해서

존경을 바치는 것은

인간의 참된 의무다.

반면에

남의 노력을

존경치 않는 마음은

그 자신의 인간성이

충실하지 못한 것이다.

* 충실(充實) : 바탕이 알차고 단단함.

—《평범(平凡). 불교 신 5집 1937.7.1.》(Ⅱ·358)

20 돋는 움은 못 막는다

이른 봄

작은 언덕 쌓인 눈을 저어 마소.

제 아무리 차다기로

돋는 움을 어이 하리.

* 저어 마소 : 두려워하거나 싫어하거나 염려할 필요가 없다.
* 어이 하리 : 어찌 하리, 어찌 하겠는가, 어떻게 할 수 없다.
* 움 : 풀이나 나무에서 새로 돋아나오는 싹. 나무를 잘라낸 뿌리에서 돋아나오는 싹.

—《돋는 움. 불교 94호. 1931.4.1.》(II·353)

21 사람은 진로를 정해야 한다

사람은 적어도 인생관을 갖고

평생의 진로를

바르게 정하지 않으면 아니 된다.

그리하여

모든 행동을 자기가 정한대로

평생의 진로에

어긋나지 아니 하도록 하는 것이

값 있고 보람 있는 일이 되는 것이다.

— 《출발점(出發點). 회광 2호. 1932.3.16.》(II·363)

22 생명을 다해 돌진해야 한다

사람은

자기의 목적이

광명정대한 양심으로 판단해

다르게 바뀌지 않는 한

모든 것을 돌아보지 아니하고

가장 귀한 생명까지 다하여

자기 목적으로 가는 길을 가로막는

나쁜 적을 물리쳐 가면서

세워놓은 목적지까지 돌진하는 것이

사람다운 일이다.

* 광명정대(光明正大) : 가장 떳떳하고 밝고 맑고 크게 올바름.
* 자기가 처음 광명정대하게 세운 목적을 광명정대한 양심으로 바꾸지 않는 한 처음 세운 목적을 이루기 위해 가장귀한 생명도 내놓고 나가야 한다는 뜻임.

─《출발점(出發點). 회광 2호. 1932.3.16.》(Ⅱ·363)

23 누구에게나 희망이 있다

어떠한 사람을 물론하고
희망이 없는 사람은 없으니

희망은 곧
상상으로 받을 수 있는 위안이며
가상으로 가질 수 있는 자신감이다.

—《정(政)·교(敎)를 분립(分立)하라. —《불교 87호 1931.9.1.》(Ⅱ·134)

萬海

4

—

용감하게
전진하라

修養讀本

第二課 苦難의 칼날에서라

세상사람이 쉽고 성공할일이면 하려하고 어렵고 성공할가망이 적은일이면 피하려는경향이 잇스니 그것은 불가한일이다 어쩌한일을볼때에 쉽고 어려운것이나 성공하고 실패할것을 먼저본다느니보다 그일이 올혼일인가 그른일인가 볼것이다 아모리 성공할일이라도 그일이근본적으로 올치못한일이라하면 일시성공을하엿을지라도 그것은 결국파탄이생기고 마는법이나 그럼으로 하늘과땅에 돌아보아 조곰도붓그럽지안을 오른일이라하면 용감하게 그일을하여라 그길이가시밧이라도 참고가거라 그일이 칼날에 올라서는 일이라도 피하지말어라 가시밧올것이고 칼날우에서는데서 정의를위하야 자긔가 싸온다는

1 용감하게 전진하라

사업을 경영하는 자가

불행히 기회를 얻지 못하는 비운을 만나

한 번 이루고 두 번 실패하거나

다섯 번을 나갔다가도 물러서야 하는

어려움에 빠져 있을지라도

끊임없이 노력을 더하면서

굴복하지 않고 용감하게 전진을 도모하면

성공하여 낙원에 이르는 기회가

걸음걸음 향기로운 풀밭을 밟고

보는 것마다 아름다운 산과 같고

눈 아래 푸른 물이 흘러넘치듯 하리라.

* 도모(圖謀) : 어떻게 하든 일을 이루려고 온갖 방법을 찾아 봄.

―《천연(遷延)의 해(害). 유심 3호. 1918.12.1.》(I ·280)

용진하며 노력해야 한다

천하의

좋은 일은

용진하는 사람의 길이 되고

천재라고

널리 떨치는 이름은

노력하는 사람의 것이 된다.

* 용진(勇進) : 날쌔고 힘차게 앞으로 나감.

— 《천연(遷延)의 해(害). 유심 3호. 1918.12.1.》(I·279)

3 마음에서 생기는 고통이 더 심하다.

사람은

바깥 세계로부터 오는

뜨겁게 불타는 것 같은

고통스런 느낌보다

속마음으로부터 생기는

번민으로 겪는

고통스런 느낌이 더 심하니라.

* 번민(煩悶) : 속을 태우며 괴로워 함.

—《전가(前家)의 오동(梧桐). 유심 3호. 1918.12.1.》(I·237)

⁴ 마는 잘못 깨달은 허깨비다

마라는 것은

하늘에서 내려온 것도 아니오

땅에서 솟아난 것도 아니오

귀신이 나쁜 짓 하는 것도 아니오

적이 보낸 간첩도 아니라

다만 자기 마음이

외부의 자극을 잘못 깨달아서 생기는

허깨비 같은 그림자일 뿐이다.

* 마(魔) : 일을 못하게 막거나 방해하거나 꼬이게 하는 마귀나 악귀.

— 《마(魔)는 자조물(自造物)이다. 유심 2호. 1918.10.1.》(Ⅰ·274)

5 영적 활동으로 나가라

고통을

고통으로 느끼는

그 느낌이 고통이다.

들어오는 고통을

받지 말고, 느끼지 말고

스스로 나아가

기쁘게 즐겁게

영적 활동으로 나아가면

고통이란 없을 것이다.

* 영적(靈的) 활동 : 마음, 정신, 영혼을 잘 가다듬어 키우는 활동.

—《조선(朝鮮) 및 조선인(朝鮮人)의 번민(煩悶). 동아일보 1923.1.9.》(1·378)

6 영적 활동으로 고통을 없애라

고통을 뿌리까지 뽑아 버리려면

이 고통의 탈 가운데서 뛰어나와,

쾌락하게 평화롭게

영적 활동을 계속하여 가면

고통은 자연히 없어질 것이다.

— 《조선(朝鮮) 및 조선인(朝鮮人)의 번민(煩悶). 동아일보 1923.1.9.》(1·378)

7 인욕은 발전하기 위해서다

인욕이란

욕을 참으라는 것이다.

욕을 참는 것이 목적이 아니라

어떠한 목적을 달성코자 하는

과정의 한 방편이다.

다시 말하면,

욕만을 참기 위한 인내가 아니라

한 단계 더 발전하려는 도중에 필요한

한 가지 소극적 수단이다.

* 인욕(忍辱) : 욕됨을 당해도 참고 용서해서 또 다른 다툼을 만들지 않음.
* 욕(辱) : 욕을 먹다, 모욕을 당하다, 수치스럽다, 부끄러운 일을 당하다와 같은 뜻
으로 쓰임.

— 《정진(精進). 불교 신 6집. 1937.8.1.》(II·334)

8 인욕은 스스로 참는 것이다

인욕이라는 것은

당장에 설욕하는 것보다

이상 세계를 향한

큰 목적을 달성하기 위하여

능히 참지 아니할 수 없는 것을

스스로 참는 것을 말한다.

* 이상(理想) 세계(世界) : 사람이 생각할 수 있는 가장 좋고 완전한 세계.
* 설욕(雪辱) : 욕됨과 부끄러움을 씻어내고 명예를 되찾음 .

— 《정진(精進). 불교 신 6집. 1937.8.1.》 (Ⅱ·334)

9 힘에 눌려 참는 것은 굴욕이다

만일

능히 참지 아니할 수 없는 것을

다른 사람 힘에 눌려 참는 것은

인욕이 아니라 굴욕이다.

* 굴욕(屈辱) : 욕됨을 당하고도 남에게 힘으로 억눌려서 참거나 굴복함.

— 《정진(精進). 불교 신 6집. 1937.8.1.》(Ⅱ·334)

인욕으로 높은 이상을 이루고

그 성과를 거두어들일 목적이 없이

오직 참는 것만을 목적으로 한다면

그것은 인욕을 할 만한

용기도 없는 것이요,

백보를 양보하여

인욕을 달성한다 할지라도

조금도 의미가 없는 일이다.

―《정진(精進). 불교 신 6집. 1937.8.1.》(Ⅱ·334)

11 인욕은 정진할 때 귀중하다

인욕이라는 것은

참는 것보다

더 높은 목적을 달성하기 위하여

정진을 멈추지 않는 사람에게만

가능한 것이요,

또한 귀중한 것이다.

* 정진(精進) : 앞으로 나가기 위해 힘을 다해 노력함. 몸을 깨끗이 하고 마음을 가
다듬음. 불교에서는 가위를 상징함. 가위는 옷감을 자를 때 앞으로 나가기만 하고
뒤로 물러나지 못하는 것이므로 이처럼 모든 것을 끊으면서 앞으로 나가야 한다
는 뜻임. 가위가 옷감을 자르고 나갈 때 재단사가 그어놓은 선을 잘 따라가야 하
듯이 부처님이 말씀을 잘 따라서 나가야 함.

—《정진(精進). 불교 신 6집. 1937.8.1.》(II·334)

12 목적이 있으면 못 참을 것이 없다

자신이 정한 이상을 향해

앞으로 나가는 큰 목적을 위하여

노력하는 자는

그 목적을 달하기 위해서는

참지 못하는 욕이 없을지니,

눈앞의 작은 고통이

어찌 그의 앞길을 가로막으리오.

— 《정진(精進). 불교 신 6집. 1937.8.1.》 (II·334)

02-322-0268 단비 danbi

단비
도서목록

도서출판 단비는 청소년, 교육, 인문학 분야에서 누구나 쉽고 편하게 읽을 수 있는 책들을 고루 펴내고 있습니다.
꼭 필요한 때에 알맞게 내리는 '단비'처럼 반가운 책 한 권, 한 권으로 여러분을 찾아뵙겠습니다.

희망을 부르는 소녀 바리
김선우 글 | 양세은 그림 | 212쪽 | 값 12,000원

학교도서관저널 추천도서, 행복한아침독서 추천도서
어린이도서연구회 추천도서, 인디고서원 선정 2014년의 책 10선 선정도서

작가 김선우가 우리 청소년들에게 들려주는 바리공주 이야기

소녀 '바리'가 천착한 생生과 죽음, 사랑이라는 삶의 커다란 주제를 아이들 호흡에 맞추어 새롭게 다듬었다.

흰별소
이순원 글 | 이소영 그림 | 212쪽 | 값 12,000원

행복한아침독서 추천도서, 대한출판문화협회 올해의 청소년도서
국립어린이청소년도서관 사서가 추천하는 이달의 책

소와 사람이 뚜벅뚜벅 함께 걸어온 길

석기시대 이후로 인간과 '생업'을 함께하며 살아온 '동지'라 할 수 있는 소와 인간의 유대를 통해 사람살이를 찬찬히 반추해 보는 묵직한 장편소설.

여섯 개의 배낭
김유철 외 글 | 192쪽 | 값 11,000원

한국출판문화산업진흥원 우수문학도서, 행복한아침독서 추천도서

'여행'을 테마로 여섯 명의 작가가 뭉쳤다

어른들이 정해 놓은 좁디좁은 세계에 갇혀 인생의 가장 찬란한 시간을 소모하고 있을지 모를 청소년들에게 여섯 명의 작가가 '여행'이라는 키워드로 작은 메시지를 던진다.

시의 숲에서 길을 찾다
서정홍 엮음 | 180쪽 | 값 11,000원

행복한아침독서 추천도서, 대한출판문화협회 올해의 청소년도서
책따세 추천도서, 경기도 올해의 책

스승의 시를 읽으며 산골 아이들 길을 찾다

농부 시인 서정홍이 황매산 자락에서 아이들과 '삶을 가꾸는 시 쓰기' 공부를 하며, '삶'을 나누며 지내온 이야기와 흔적들을 엮은 책.

책으로 행복한 북적북적 책놀이

전국학교도서관 인천모임 | 268쪽 | 값 18,000원

행복한아침독서 추천도서

책을 펼치면 신나는 놀이가 된다

다양한 영역의 책놀이들과 함께 놀이 방법, 준비물, 활용 방안까지 자세하게 설명하고 있어
책읽기를 지도하는 교사들에게 실질적이고 친절한 책놀이 지도교안이 된다.

도란도란 그림책 교실 수업

생각네크워크 글 | 316쪽 | 값 18,000원

행복한아침독서 추천도서

그림책을 통해 앎과 삶이 연결된 배움을 꿈꾼다

그림책을 활용하여 장면 하나하나에 담긴 아이들의 수많은 생각들을 다채롭게 펼쳐놓고 이
야기를 나누며 자연스럽게 생각의 폭을 넓힐 수 있는 수업의 사례를 한데 모았다.

재잘재잘 그림책 읽는 시간

김여진, 최고봉 글 | 244쪽 | 값 15,000원

행복한아침독서 이달의 책

그림책 독자와 연구자들에게 훌륭한 길잡이가 되는 책

그림책을 요모조모 재미있게 읽는 방법은 물론, 그림책을 바탕으로 연구하고 실험해온 수
업의 성과와 가능성을 담았다. 그림책 독자, 수업 시간에 그림책을 활용하고 싶은 교사와 강
사, 그림책 연구자 들을 위한 책.

《말꽃모음》 시리즈는 훌륭한 인물이 그간 펴낸 모든 책과 이야기를 대상으로 꽃처럼 돋보이는 말씀들을 간추려 엮은 '어록'이다.

좋은 말씀을 간추려 놓으면 책상 옆에 놓아두고 펴보기가 훨씬 쉽지 않을까?
흐려지는 생각을 깨치게 하고, 마음에 새기는 데 조금이라도 더 도움이 되지 않을까?
손에 들고 다니며 시집처럼 읽을 수 있지 않을까?

이러한 고민과 질문으로 시작된 《말꽃모음》은 우리 마음에 기둥이 되고, 보석이 되는 인물들의 사상과 말씀의 고갱이를 간추려, 마음을 치고 생각을 열어 주는 빛이 되는 글들만을 모아 엮었다.

이오덕 말꽃모음
이오덕 글 | 이주영 엮음 | 208쪽 | 값 11,000원

한국출판문화산업진흥원 우수교양도서, 행복한아침독서 추천도서, 인디고서원 추천도서

김구 말꽃모음
김구 글 | 이주영 엮음 | 208쪽 | 값 12,000원

한국출판문화산업진흥원 이달의 청소년 권장도서, 인디고서원 추천도서, 한국출판문화진흥원 우수교양도서

신채호 말꽃모음
신채호 글 | 이주영 엮음 | 208쪽 | 값 12,000원

연암 박지원 말꽃모음
박지원 글 | 설흔 엮음 | 244쪽 | 값 12,000원

방정환 말꽃모음
방정환 글 | 방정환한울학교 엮음 | 196쪽 | 값 12,000원

젊은 정약용 말꽃모음
정약용 글 | 설흔 엮음 | 240쪽 | 값 12,000원

독립선언서 말꽃모음 이주영 엮음 | 184쪽 | 값 12,000원

행복한아침독서 추천도서

독립운동가 말꽃모음
설흔 엮음 | 200쪽 | 값 12,000원

★ 독립운동가 말꽃모음
설흔 엮음 | 200쪽 | 값 12,000원

어린이 문학

★ 버룩처럼 통통
맑은샘교사회 엮음 | 184쪽 | 값 9,000원

★ 새해 아기
권정생 글 | 이기영 엮음 | 신현아 그림 | 80쪽 | 값 9,500원

★ 복사꽃 외딴집
권정생 글 | 이기영 엮음 | 김종숙 그림 | 100쪽 | 값 10,000원

★ 눈이 내리는 여름
권정생 글 | 이기영 엮음 | 이소영 그림 | 108쪽 | 값 11,000원

★ 고물 자전거
주홍 글 | 고근호 그림 | 24쪽 | 값 11,000원

★ 마랑과 신비한 붓
신정숙 글 | 리강 그림 | 44쪽 | 값 12,000원

★ 코코넛 신랑
이혜숙 글 | 강은하 그림 | 44쪽 | 값 12,000원

★ 불을 가져온 라망
신정숙 글 | 베일루즈 로아 빌라비센시오 그림 | 44쪽 | 값 12,000원

★ 오늘도 바다로
박문주 글 · 그림 | 36쪽 | 값 13,000원

문학, 비소설

★ 내 삶에 들어온 권정생
똘배어린이문학회 글 | 240쪽 | 값 13,000원

★ 작은 사람 권정생 – 발자취를 따라 쓴 권정생 일대기
이기영 글 | 316쪽 | 값 14,000원

★ 그리운 권정생 선생님
똘배어린이문학회 엮음 | 264쪽 | 값 14,000원

★ 내 삶에 들어온 이오덕
이주영 엮음 | 288쪽 | 값 15,000원

★ 가고 싶은 길 – 강원도 문학기행
김용용 외 글 | 240쪽 | 값 15,000원

★ 가고 싶은 길 – 경상북도 문학기행
곽재선 외 글 | 206쪽 | 값 14,500원

문학, 시 · 소설

★ 아내에게 미안하다
서정홍 시집 | 160쪽 | 값 11,000원

★ 호랑이 눈썹
손석춘 장편소설 | 292쪽 | 값 13,000원

에세이

★ 김선우의 사물들
김선우 글 | 우창헌 그림 | 240쪽 | 값 13,000원

★ 지금도 나를 가르치는 아이
황금성 글 | 황해뜨리 그림 | 372쪽 | 값 13,000원

★ 어느 하루 구름극장에서
김선우 엮음 | 256쪽 | 값 12,000원

★ 우리 가슴마다 씨앗 하나 품어요
민병희 글 | 256쪽 | 값 13,000원

★ 책갈피에 담아놓은 교육 이야기
민병희 글 | 208쪽 | 값 13,000원

★ 햇살 가득, 감자꽃이 피었습니다
민병희 글 | 268쪽 | 값 14,000원

★ 방학에 뭐 하니? 봉사여행 어때
심고은 글 | 232쪽 | 값 14,000원

★ 어린이책으로 배운 인생
최해숙 글 | 216쪽 | 값 14,000원

★ 호미꽃 가는 길
김일광 산문집 | 248쪽 | 값 14,000원

교실 놀이

★ 콩닥콩닥 신명 나는 책놀이
전국학교도서관담당교사 경남모임 글 | 248쪽 | 값 16,000원

★ 얘들아, 우리 연극놀이 하자
연극으로 어울리는 사람들 글 | 188쪽 | 값 15,000원

★ 이야기가 꽃피는 교실 토론
강원토론교육연구회 글 | 188쪽 | 값 15,000원

★ 말랑말랑 그림책 독서 토론
강원토론교육연구회 글 | 316쪽 | 값 18,000원

★ 책으로 행복한 북적북적 책놀이
전국학교도서관 인천모임 글 | 268쪽 | 값 18,000원

★ 도란도란 그림책 교실 수업
생각네크워크 글 | 316쪽 | 값 18,000원

★ 재잘재잘 그림책 읽는 시간
김여진, 최고봉 글 | 244쪽 | 값 15,000원

정치, 사회

★ 눈물 속에서 자라난 평화
강정마을회 글 | 240쪽 | 값 15,000원

★ 이것이 제주다
고희범 글 | 260쪽 | 값 15,000원

★ 거짓말 잔치 – 강기훈 유서대필 조작사건 전말기
안재성 글 | 312쪽 | 값 15,000원

★ 녹조라떼 드실래요 – 4대강에 찬동한 언론과 者들에 대하여
환경운동연합, 대한하천학회 글 | 364쪽 | 값 17,000원

13 고통을 참아내야 한다

한때의 고통을

인내치 못하는 경박아가

어찌 오랜 기간 쾌락을 누리는

큰 복을 받는 사람이 되리요.

* 인내(忍耐) : 어려움을 참고 견디어 냄.
* 경박아(輕薄兒) : 깊이 생각하지 않고 가볍게 까불대는 어린아이.

—《고통(苦痛)과 쾌락(快樂). 유심 1호. 1918.9.1.》(1·271)

고통이나 쾌락이나

바깥으로부터

사람의 마음속을 충동하면

느끼는 충격은 둘 다 같으니

사람들은 마땅히

고통이 사람을

번뇌케 하는 것만 각오하지 말고

쾌락도 또한 고통과 같은 정도로

사람을 번뇌케 함을 각오할지니라.

* 번뇌(煩惱) : 마음이나 몸을 괴롭히는 잘못된 생각과 욕심.

―《고통(苦痛)과 쾌락(快樂). 유심 1호. 1918.9.1.》(I·270)

15 고통과 쾌락은 느끼는 대로 된다.

무엇을 가리켜 고통이라 하며
무엇을 가리켜 쾌락이라 할까?

세상에는 고통도 없고 쾌락도 없거늘
다만 고통으로 느끼면 고통이 되고
쾌락으로 느끼면 쾌락이 되느니

고통이 곧 고통이 아닌 것이요.
쾌락이 곧 쾌락이 아닌 동시에

고통 즉 쾌락
쾌락 즉 고통이니라.

— 《고통(苦痛)과 쾌락(快樂). 유심 1호. 1918.9.1.》(Ⅰ·271)

고통과 쾌락을 다 잊으라

고통과 쾌락

두 가지를 다 잊으면

넓고 넓은 공간에

낙원 아닌 곳이 어디이며

무궁한 시간에

기쁘지 아닌 때가 언제이랴.

—《고통(苦痛)과 쾌락(快樂). 유심 1호. 1918.9.1.》(I·271)

17 정진해야 성취한다

만행이라는 것은

육도 이외에

따로 있는 것이 아니오

다만 육도의 작은 가지 길이니

정진을 버리고

어찌 만행을 성취할 수 있으리오.

불교 수행자 뿐 아니라

세상일도 또한 그러하다.

* 만행(萬行) : 만 가지 행동, 불교 스님들이 지켜야 할 많은 행동.
* 육도(六度) : 불교 스님과 보살들이 쌓아야 할 여섯 가지 덕목으로 보시(普施), 인
욕(忍辱), 지계(持戒), 정진(精進), 선정(禪定), 지혜(知慧)를 말함. =육바라밀.

—《정진(精進). 불교 신 6집 1937.8.1.》(II·335)

땅으로 보면

동쪽에서 서쪽까지

때로 보면

옛날에서 오늘날까지

어떤 성공이든지

어찌 정진과 관련이 없는

성공의 역사가 있으리오.

* 어떤 일이든 성공한 역사 속에는 정진이 있는 것이다.

—《정진(精進). 불교 신 6집 1937.8.1.》(II·335)

19 정진해야 보시도 할 수 있다

진정한 보시라는 것은

남의 눈에 보이려 억지로 한다든지

스스로 하더라도 그 때 그 때

우연히 하는 것이 아니라,

인연이 없더라도 자비로 중생을 사랑하고,

힘들더라도 끝없이 노력해서

중생에게 이익이 되게 하는

앎과 함을 함께 하는 큰 역량이 아니면

아니 될 것이니

이렇듯 보시를 행함이 정진이 아니고서

어찌 될 수가 있으리오.

* 보시(布施) : 자비심으로 도와주거나 재물을 나누어 줌.

— 《정진(精進). 불교 신 6집 1937.8.1.》(II·333)

남이 이미 성취한 큰 사업의

보기 좋은 겉모습만 흉내 내며

부호는 되고자 하되 부지런하지 않고

영웅은 되고자 하되 힘껏 싸우기를 싫어하면

어찌 세상에 게으르고 나약한 사람에

일확천금의 부가 있을 것이며

제자리에 앉아서

영광을 받는 영웅이 있으리오.

* 일확천금(一攫千金) : 한 번에 큰돈을 얻거나 받음.

— 《조선청년(朝鮮靑年)과 수양(修養). 유심 1호 1918.9.1.》(1·267)

21 일 없을 때 준비하라

성공하는 도중에서는

멋대로 놀기 쉬운 것이다.

실패하는 도중에서는

희망을 잃기가 쉬운 것이다.

아무 일이 없을 때에는

몹시 게을러지기 쉬운 것이다.

성공하는 도중에도 말과 행동을 조심하라.

실패하는 도중에도 한층 더 힘을 내라.

아무 일도 없는 때에 준비하라.

— 《근신(謹愼)·분발(奮發). 불교 89호. 1931.11.1.》(II·351)

22 실행 없는 이론은 쓰레기다.

이론이

아무리 대단하다 할지라도

실행을 하지 않으면

쓸데없는

헛된 이론이 되는 것이요,

목적이 아무리 정확하다 할지라도

도달할 실력이 없으면

떠돌다 버려지는 쓰레기가 되는 것이다.

— 《삼본산회의(三本山會議)를 전망(展望)함. 불교 신 15집 1938.9.1.》 (II·195)

23 실행 없이 되는 일은 없다

천하 어떤 일이든

아무 표준도 없고

신뢰도 없는

실행하지 않는

텅 빈 이론으로만

이루어지는 것이 있으리오.

—《조선청년(朝鮮靑年)과 수양(修養). 유심 1호 1918.9.1.》(I·268)

가면은 못 갈쏘냐

물과 뫼가 많기로

건너고 또 넘으면

못 갈 리 없느니라

사람이

제 아니 가고

길이 멀다 하더라.

* 조선 시대 양사언이 쓴 시조 '태산이 높다 하되 하늘 아래 뫼이로다/ 오르고 또
오르면 못 오를 리 없건마는/ 사람이 제 아니 오르고 뫼만 높다 하더라.'를 빌려서
자기 마음을 나타낸 글임. 1932년 한용운은 무슨 마음으로 이 글을 썼을까?

—《"길". 불교 93호 1932.3.1.》(Ⅱ·352)

25 인생이 가치는 인격에 있다

인생의 가치는

성공에 있음이 아니라

인격에 있느니라.

* 인격(人格) : 사람다운 마음과 정신과 행동을 고르게 갖춤.

—《조선청년(朝鮮靑年)과 수양(修養) 유심 1호. 1918.9.1.》(I·266)

성공은

기연에 속하고

인격은

뜻을 세워서 꾸준히 갈고 닦을 때

이룰 수 있다,

성공은

우연하게 이룰 수도 있으나

인격은 우연으로 얻을 수 없도다.

* 기연(機緣) : 어떤 기회를 통해서 서로 관계를 맺으면서 이뤄지는 일.

―《조선청년(朝鮮靑年)과 수양(修養)》유심 1호. 1918.9.1.》(1·266)

27 홀로 설 수 있어야 한다.

자비인 동시에 대용맹이라야 한다.

참음인 동시에 정진이라야 한다.

나를 비우는 동시에 나를 가득 채워

우주에 홀로 설 수 있어야 한다.

—《아공(我空). 불교 97호. 1932.7.1.》(II·353)

萬海

5

—

모든 것은
마음에 달렸다

佛敎社會化를 爲하야

한용운씨등이법보회를조직 팔만대장경을국문으로번역

조선에불교가 드러온지 일쳔이백여년이 되엿다 세계에잇넌나라 엇더한 처여넌이라 그동안산놀리고 불종교로 결넘느고 그민속과그사 맑는삽치리 무궁화동산에 넘마 회애 화위업스면 엇시종교의 나위대한 갑회물수의 얼마나찬(본의?)며 얼수잇스리요 이애씨시 린한본넘와 왓뇌띄에서 하엿는불교는 어려운한문을 그대로두 시고천녁시을 넓는사람은 니외(어)와인사 람덜이진실노 고명한 국인녕톄물하고 누구던시 풍교무처닝의 교풍」 접듯지 못하고 가조천민화여게 씻천위에한 공거의 미신기치삿는사람이 반튼 최육김탄하지 안는사람이 잇슬지라 이떠로 잇시종교고보 녀 놉이 잇슬수잇스리요 우리의힘은

민족에게 거룩한 사회울보쵹으나마 원안 대당녕으로 젼수 일조천녁

1 모든 책임은 마음에 있다

사람의 모든 책임은

마음에 있는 것이다.

따라서

사람의 모든 권리도

마음에 있는 것이다.

―《선(禪)과 인생(人生). 불교 92호 1932.2.1.》(II·311)

2 착함이나 악함도 마음에 있다

착한 사람이

착한 사람 되는 것도

마음에 있는 것이요

악한 사람이

악한 사람 되는 것도

마음에 있는 것이다.

—《선(禪)과 인생(人生). 불교 92호 1932.2.1.》(Ⅱ·311)

3 애국도 매국도 마음에 있다

애국지사도

마음에 있는 것이요

매국노도

마음에 달려 있는 것이다.

— 《선(禪)과 인생(人生). 불교 92호 1932.2.1.》(II·311)

⁴ 마음이 내 몸의 왕이다

마음이

인생의 온갖 일을

모두 거느리고 지도하니

마음이 왕이로다.

— 《선(禪)과 인생(人生). 불교 92호 1932.2.1.》(II·311)

5 망념을 없애려다 더하게 된다

망념을 없애기 위하여

망념을 물리치고자 하는 마음을 일으키면

망념을 물리치고자 하는 그 생각이

도리어 망념이 되어서

망념을 제거하지 못할 뿐 아니라

망념을 더하게 되는 것이다.

* 망념(妄念) : 헛되거나 잘못된 생각.

—《선(禪)과 인생(人生). 불교 92호 1932.2.1.》(II·313)

6 좋은 생각도 망상에 떨어지기 쉽다

선을

잘 하겠다는 생각이라든지

쉽게 하려는 생각이라든지

무릇 어떠한

좋은 생각이라도

일으키기만 하면

곧 망상에 떨어지고 마는 것이다.

* 선(禪) : 참선(參禪). 불교 수련법.
* 망상(妄想) : 이치에 맞지 않거나 어지럽게 흐트러지는 생각.

— 《선(禪)과 인생(人生). 불교 92호 1932.2.1.》(Ⅱ·313)

7 마음의 중심을 잡아야 한다

사람은

남의 힘으로 움직이지 않을 때

참 사람이라고 할 수 있다.

모양에 따라서 시각이 집착하고

소리를 따라서 청각이 교란하며

희로애락에 따라서

떳떳하고 바르게 가는 길을 잃고

안전과 위험에 따라서

마음의 중심을 옮긴다면

다시 말하면

환경에 따라 의식이 왔다 갔다 한다면

그러한 사람은

참 사람이라고 할 수 없는 것이다.

* 집착(執着) : 마음에 쏠려 헤어나지 못함.
* 교란(攪亂) : 뒤섞여서 어지럽고 갈피를 잡지 못함.
* 희로애락(喜怒哀樂) : 기쁘거나 화나거나 슬프거나 즐거움.

— 《선(禪)과 인생(人生). 불교 92호. 1932.2.1.》(Ⅱ·318)

8 선악의 기준이 어렵다

무엇을 가리켜 착하다 하고

무엇을 가리켜 나쁘다 할지

한 가지 기준으로

선악을 정의를 내리기 어렵도다.

그저

사람다운 일은

착하다 할 것이요

사람답지 못한 일은

나쁘다 할 것이다.

— 《조선청년(朝鮮靑年)과 수양(修養). 유심 1호 1918.9.1.》(Ⅰ·269)

9 무심도 병이 될 수 있다

처음 배우는 자는

헛된 생각이 어지럽게 일어나서

항상 무심의 경지에 이르겠다고 결심하다가

마침내 무심의 경지에 이르러서는

때때로 허공에 떨어져서 생각을 끊으면서

소승에 떨어지고 만다.

이렇게 되면

무심의 병이 오히려

유심의 병보다 더 심하다.

* 무심(無心) : 마음이 텅 비어 아무 느낌이나 생각이 없음.
* 소승(小乘) : 불교 종파의 하나로 개인이 해탈에 집중함.
* 한용운은 불교가 개인의 해탈보다 모든 중생의 해탈에 나서야 한다고 생각했고,
이를 위해 위기에 처한 민족과 국가를 살려야 한다는 생각이었기 때문에 당시 민
족 독립 운동에 관심 없거나 심지어 일제 침략에 동조하는 일부 소승불자들을 비
판했다.

— 《불교(佛教)와 효행(孝行). 불교 신 13집 1938.5.1.》(III·339)

10 유심과 무심을 잊어야 한다

유심만이

병이 되는 것이 아니라

무심도 병이 되는 것이니

무엇 때문인가.

마음을 둔 자는

마음을 두려고 하는 데에 걸리고

마음을 없이한 자는

마음을 없게 하려고 하는 데에

막힘이 있으니

무심과 유심 둘 다 잊어버려야만

도에 가까워진다.

—《불교(佛敎)와 효행(孝行). 불교 신 13집 1938.5.1.》(III·338)

11 뿌리를 북돋듯 해야 한다

흐르는 물을 맑게 하기 위하여

원천을 다스리고

가지와 잎을 무성케 하기 위하여

뿌리와 줄기를 북돋우느니

나를

실현하기 위해서는

마음을 닦는 이외에 다른 길이 없는 것이다.

— 《선(禪)과 자아(自我). 불교 108호 1933.7.1.》(II·323)

12 탐욕을 버려야 한다

내 탐욕을

버리지 않으면

서로 다툼이

없어지지 않는다.

―《감사를 느끼는 마음. 불교 신 13집 1938.6.1.》(II·361)

13 노여움을 버려야 한다

자기

노여움을

버리지 않으면

평화는

오지 않는다.

—《감사를 느끼는 마음. 불교 신 13집 1938.6.1.》(II·361)

14 어리석음을 떠나야 한다

어리석은 마음을

떠나지 않으면

샘내는 마음이

사라지지 않는다.

—《감사를 느끼는 마음. 불교 신 13집 1938.6.1.》(Ⅱ·361)

15 보드라운 마음을 가져야 한다

감사를 느끼는 사람만이

보드라운 마음을 가진 사람이다.

보드라운 마음을 가진 뒤라야 비로소

삼독과 헤어질 수 있는 것이다.

그래야 비로소

탐욕스런 생활을 버리고

귀신 같은 생활을 버리고

짐승 같은 생활에서 벗어날 수 있다.

* 삼독(三毒) : 불교에서 말하는 사람이 본래 갖고 있는 착한 해치는 세 가지 헛된
마음으로 탐욕과 노여움과 샘을 내는 것임.

―《감사를 느끼는 마음. 불교 신 13집 1938.6.1.》(Ⅱ·361)

16 고마운 느낌은 착한 뿌리다

고마움을 느끼는 마음은

성자에 가까운 마음이다.

무상보리에 돌아가는

착한 뿌리를 심는 까닭이다.

고마움을 느껴야 한다.

가족에 대해서

가까운 사람에 대해서

사회와 국가에 대해서

그리고 유정과 무정에 대해서.

* 성자(聖者) : 훌륭한 사람. 불교에서는 깨달은 사람. 기독교에서는 아주 거룩한 신자나 순교자.
* 무상보리(無上菩提) : 불교에서 부처와 같이 더 할 나위 없이 최고로 훌륭한 깨달음의 세계를 말함.

—《감사를 느끼는 마음. 불교 신 13집 1938.6.1.》(II·361)

사람 마음은

본성이 신령스러워

영묘하게 맑고 깨끗하지만

헛된 생각이 일어나면 이리저리 굴러서

불타는 지옥을 건설하게 된다.

그 헛된 생각을 쉬고

본성을 나타내는 것이 이른바

마음을 닦는 것이다.

* 영묘(靈妙) : 영혼이 젊고 아름답게 신령스럽고 오묘함.

— 《선(禪)과 인생(人生). 불교 92호 1932. 2. 1.》(Ⅱ·312)

18 선(禪)은 누구나 해야 한다

선은

물을 맑게 하기 위하여

근원을 다스리고

나무를 무성케 하기 위하여

뿌리를 북돋우는 것과 같이

사람이 하는 일을 정돈하기 위하여

먼저 마음을 닦는 것이

아니 할 수 없는 필요한 일이 된다.

이처럼 누구에게나

선의 필요함이 밝은 불을 보듯 훤하다.

* 선(禪) : 마음을 닦으며 가다듬어 본성을 찾고 진리를 깨달아 해탈하려는 불교
수련법.
* 정돈(整頓) : 어수선하게 흩어져 있는 것을 가지런하게 바로잡아 놓음.

—《선(禪)과 인생(人生). 불교 92호 1932.2.1.》(II·311)

선(禪)은 누구든지 할 수 있다

선은

종교적 신앙도 아니오

학술적 연구도 아니며

높고 어렵기만 한 명상도 아니다.

다만 누구든지 아니하면 아니 될 것이요

따라서 누구든지 할 수 있는

지극히 평범하고 필요한 일이다.

선은 마음을 닦는, 곧 정신수양의 대명사다.

—《선(禪)과 인생(人生). 불교 92호 1932.2.1.》(Ⅱ·311)

20 선(禪)은 어느 때나 할 수 있다

선이라는 것은

글을 배우면서도 할 수 있는 것이요,

농사를 하면서도 할 수 있는 것이요,

그 밖에 모든 사업을 하면서도

참선을 할 수 있는 것이다.

―《선(禪)과 인생(人生). 불교 92호 1932.2.1.》(Ⅱ·317)

21 선(禪)은 전쟁 중에도 필요하다

선이라는 것은

전쟁 속에서도 할 수 있고

포탄 연기 가운데서도

할 수 있는 것이다.

할 수 있을 뿐 아니라,

그러한 때일수록

더 참선이 필요한 것이다.

— 《선(禪)과 인생(人生). 불교 92호 1932.2.1.》(II·317)

22 선(禪)의 유일한 방법은 화두다

화두에 의하여

온갖 생각을 없애고

온갖 생각이 사라지면서

마음과 앎이 하나가 되고

마음과 앎이 하나가 되면

마음과 몸이 스스로 밝아지니

선의 유일한 방법은 화두뿐이다.

* 화두(話頭) : 말머리. 불교에서 스승이 선(禪)을 시작하는 제자에게 과제로 내주
는 말.

ㅡ《선(禪)과 인생(人生). 불교 92호 1932.2.1.》(Ⅱ·313)

23 문자에서 선(禪)을 얻는다

선에서

문자를 보고

문자에서 선을 얻을지니

선을 위하여

글을 쓰는 자는

마땅히 이렇게 쓸 것이요,

선을 위하여

글을 읽는 자는

마땅히 이렇게 읽을지니라.

---

* 선(禪)은 마음의 표현이며 문자(文字)는 말의 표현임.
* 문자(文字) : 예로부터 내려오는 특별한 뜻을 가진 말(한문 숙어, 속담, 격언 등).

—《문자(文字) 비문자(非文字). 선원 4호. 1935.10.15.》(II·304)

24 연꽃에 물이 묻지 않는다

연꽃이

물속에서 생겼지만

물이 묻지 않듯이

가득 있으되 있음이 아니고

비어 있으되 없음이 아니다.

—《인내(忍耐). 불교 신 14집 1938.7.1.》(III·343)

나는 무한아이며
절대아다

님의 沈默

님은갓슴니다 아아 사랑하는나의님은갓슴니다

푸른산빗을깨치고 단풍나무숩을향하야난 적은길을

거러서 참어떨치고갓슴니다 黃金의쏫가티 굿고

빗나든 옛盟誓는 차디찬띄끌이되야서 한숨의

微風에 나러갓슴니다 날카로운 첫키쓰의追憶은

나의運命의指針을 돌너노코 뒤ㅅ거름처서

사러젓슴니다 나는 향긔로운

님의말소리에 귀먹고

¹ 모여도 나고 흩어져도 나다

나는

다른 것의 모임이요

다른 것은

나의 흩어짐이다.

— 《나와 너. 불교 88호 1931.10.1.》(II·351)

2 내가 오동나무다

인생과 자연이

어찌 다른 세계에 있으리오.

오동나무가 곧 나요

내가 곧 오동나무니

나와 오동나무가

하나가 아니면서

또한 둘도 아니니라.

— 《전가(前家)의 오동(梧桐). 조광 2권 10호 1936.10.》(Ⅰ·237)

3 모습만 바뀌는 것이다

단세포는 죽지 않는다고 하니

사람 몸이 죽어 흩어져 변하더라도

단세포는 위치를 바꾸어서 생활할 뿐이니

삶과 죽음은

나의 모습만 바뀌는 것일 뿐이다.

* 단세포(單細胞) : 단 하나의 세포가 한 생명체인 세포로 사람인 나를 포함해 모든 생명체의 시작이 되는 세포라고 할 수 있음.

— 《신앙(信仰)에 대하여. 불교 96호 1932.6.1》 (II·303)

한 세포가

둘로 나뉘면

그 세포는 죽으나

실제로는 둘이 되어 살아가는 것이다.

이렇게 보면

사람 몸은 어느 때나 끊임없이

살고 죽고 살고 죽고 하는 것이다.

— 《신앙(信仰)에 대하여. 불교 96호 1932.6.1》(Ⅱ·303)

5 삶과 죽음은 같다

삶과

죽음이라는 것은

같은 현상의

양쪽 끝에 있을 뿐이다.

* 현상(現象) : 본질이나 객체가 겉으로 드러내는 모습.

—《신앙(信仰)에 대하여. 불교 96호 1932.6.1》(Ⅱ·303)

⁶ 항상 감사와 참회를 해야 한다

우리는

여래의

광명에 대하여 감사하고,

자기의 미약에 대하여 참회할 뿐이다.

이 감사와 참회는 이른바

참이요

착함이요

아름다움이다.

* 여래(如來) : 진리를 따라서 온 사람이라는 뜻으로 부처를 말함.
* 미약(微弱) : 부족하고 작고 약함.

— 《신앙(信仰)에 대하여. 불교 96호 1932.6.1.》 (Ⅱ·304)

7 언제나 고맙게 생각해야 한다

고맙게

생각하는 마음!

거기에

이해도 있고

존경도 있고

만족도 있고

평화도 있는 것이다.

— 《감사를 느끼는 마음. 불교 신 13집 1938.6.1.》(II·361)

어느 날이나

기쁘지 아니한 날은 없으며

어느 일이나

반갑지 아니한 일은 없다.

그리하여야

대도의 위를 활보할 것이요,

대계의 가를 드나들 것이다.

* 대도(大道) : 큰 길, 사람이 지켜야 마땅한 바르고 큰 도리임.
* 대계(大界) : 넓고 큰 세계. 곧 우주를 말함.
* 가를 드나들 것이라는 말은 대계와 대계의 사이를 넘나들 것이라는 뜻임.

— 《기쁜 날 반가운 날. 불교 신 1집 1937.3.1.》(II·356)

9 속이 기뻐야 큰 기쁨이다

사람의 기쁨은

내심의 기쁨보다

더 큰 기쁨은 없느니라.

* 내심(內心) : 마음속에 있는 마음, 속마음.

— 《천연(遷延)의 해(害). 유심 3호 1918.12.1.》(1·280)

착하다고 함은

무슨 의미로든지

무엇의 앞에든지

무조건으로 죽어 지내는

소극적인 사람을 가리킴이 아니다.

─《조선청년(朝鮮青年)과 수양(修養). 유심 1호 1918.9.1.》(Ⅰ·269)

11 중생을 보호하는 사람이 착하다

착하다 함은

어디서라도

우수한 사람이 되고

승리하는 사람이 되어

중생을 보호하는 자가 되며

만물을 사랑으로 기르는 사람이 되어야

착하다고 할 것이다.

—《조선청년(朝鮮青年)과 수양(修養). 유심 1호 1918.9.1.》(I·269)

악이라 함은

죄 없는 사람을 마구 때리고

물질을 망가지게 하는 것만 아니라

어디서라도

나약한 패배자가 되어

남이 불쌍하게 여기는 자가 되고

물질의 노예가 되는 것이

더 큰 악이 되느니라.

ㅡ《조선청년(朝鮮靑年)과 수양(修養). 유심 1호 1918.9.1.》(Ⅰ·269)

13 우주를 헤아릴 수가 없다

바닷가 모래알보다

더 많은 겁이 지나는 시간

천억 광년도 넘게 가야하는 공간

헤아릴 수 없이 많은 변화

찰나마다 바뀌고 바뀌는 일

이 모든 것이 합해져서

우주의 몸이 되며

우주의 생명이 되며

우주의 가치가 되는 것이다.

* 겁(劫) : 천지가 개벽하고 다음 개벽하는 긴 시간을 겁이라고 하는데, 이런 겁이 바닷가 모래알 숫자보다 더 많이 되풀이 되는 헤아릴 수 없이 긴 시간이라는 뜻임.
* 광년(光年) : 1광년은 빛이 초속 30만Km로 1년 동안 나아가는 거리인데 천억 광년도 넘는 넓고 넓은 공간이라는 뜻임.
* 찰나(刹那) : 손가락을 튕기는 시간을 불교에서 탄지(彈指)라고 하는데, 그 짧은 순간의 1억분의 1이 되는 순간을 찰나라고 함.

—《일념(一念). 불교 논설집(佛敎論說集). 불교 87호 1931.9.1.》(Ⅱ·351)

14 우주에는 이미 인과율이 있다

자연과학은

없음에서 생기는

돌출·공상·우연·기적 같은

인과율이 없는

모든 것을 부인하는 것이다.

자연과학이 이를 부인하기 전에

이미 우주 사이에는

없음에서 생기는 돌출·공상·우연·기적 들이

있지 못하는 것이다.

* 인과율(因果律) : 우주 모든 일에는 원인과 결과가 있음.

— 《우주(宇宙)와 인과율(因果律). 불교 90호 1931.12.1.》(II·296)

15 인과율은 우주의 원리다

인과율은

신의 명령이나

하늘의 법률이나

운명의 지휘에 구속되어서

기계적으로 일어나는 것이 아니요

우주 원리의

합리성과 필연성의 인과 관계로 진행된다.

그러므로

인과율은 숙명론과는 다른 것이다.

— 《우주(宇宙)와 인과율(因果律). 불교 90호 1931.12.1.》(Ⅱ·298)

모든 것은 우주의 인과율 안에 있다

천체의 운행

지리의 변천, 풍우상설

산천초목, 조수어별을 비롯한

모든 자연과학과

국가의 흥망

사회의 융성과 침체

제도의 변천과 개혁

인류문화의 융성함과 쇠퇴 같은

모든 사회과학의

상호 연락의 공간적 관계와

선후 연결의 시간적 관계가

어느 것 하나도

우주의 인과율 밖으로 벗어나는 것이 없다.

* 풍우상설(風雨霜雪) : 바람과 비, 서리와 눈.

* 산천초목(山川草木) : 산과 물, 풀과 나무.

* 조수 어별(鳥獸魚鱉) : 새와 짐승, 물고기와 자라(바다 생명 모두를 뜻함).

* 인과율(因果律) : 뿌리와 열매, 시작과 끝.

—《우주(宇宙)와 인과율(因果律). 불교 90호 1931.12.1.》(II·300)

우주의 인과율은

자유를 구속하고

명령하는 규정이 아니라

우주 만물의

자유를 문란하지 않게 하고

보호하는 법이다.

—《우주(宇宙)와 인과율(因果律). 불교 90호 1931.12.1.》(Ⅱ·299)

18 물질이 인연을 만나면 물건이 된다

우주 안에 있는 물건은

무엇이든지

그 물건을 형성하기 전에도

그 물건을 형성할 만한

원자 또는 분자가

어느 위치에든지 있는 것이다.

그러다가

어느 기회, 즉 인연을 만나면

그 물건이 될 만한 원자 또는 분자가

알맞은 질과 양으로 화합이 되어서

마침내 그 물건이 되는 것이다.

— 《조선불교 통제안(朝鮮佛敎統制案). 불교 신 2집 1937.4.1.》 (II·178)

19 사회도 혼자 움직일 수는 없다

무릇, 우주 만상이 바뀌는 것은

그 자체 스스로의 마음만으로 되는 것은 아니다.

하나의 작은 돌이 산 위에서 떨어지는 것은

전 지구와 관련성이 있는 것이요

한 포기 풀이 싹을 트는 것도

태양계 기후 관계와 떨어질 수 없는 것처럼

모든 사회의 움직임도

시간의 흐름과 공간의 환경을 무시하고서

혼자 떨어져 움직일 수는 없는 것이다.

—《조선불교 통제안(朝鮮佛敎統制案). 불교 신 2집 1937.4.1.》(II·178)

20 나는 세 가지 세계에 있다

자아라는 것은 육체가 생존하는 시간

즉 백년 이내의 생명만을

표준으로 말하는 것이 아니라

과거·현재·미래를 관통하며

영구한 생명을 가지게 되느니

사람은 과거 조선(祖先)의 영예를 위하여

자기를 희생하는 수도 있고

미래 아손(兒孫)의 행복을 위하여

자기를 희생하는 수도 있으니

그로써 보면 자아의 생명은

삼세(三世)를 통하여 연장되는 것이다.

* 조선(祖先) : 자기 부모와 부모의 부모를 비롯한 모든 조상.
* 아손(兒孫) : 자기 자녀와 손자를 비롯한 모든 후손.
* 삼세(三世) : 과거 세계, 현재 세계, 미래 세계를 통틀어 말함.

—《선(禪)과 자아(自我). 불교 108호. 1933.7.1.》(II·322)

21 모든 것이 마음으로 만들어진다

이러한 우주와

우주의 모든 것은

오직 마음 하나로 만들어지는 것이다.

그러므로

유심론을 반대하는 유물론도

종교를 배척하는 종교 반대 운동도

모두가 일념으로 만들어지는 것이다.

* 일념(一念) : 오직 한 가지 마음과 생각.

—《일념(一念). 불교논설집(佛教論說集). 불교 87호 1931.9.1.》(Ⅱ·351)

22 나는 무한아이며 절대아다

자아라는 것은

유한적이 아니며

상대적이 아니라

실로

무한아가 되고

절대아가 되는 것이다.

* 자아(自我) : 나, 나 안의 나, 나 안의 나 안의 나의 알맹이.

* 무한아(無限我) : 시간과 공간을 모두 넘어서는 나.

* 절대아(絶對我) : 우주만물 가운데 오직 하나이며 가장 높이 있는 나.

—《선(禪)과 자아(自我). 불교 108호. 1933.7.1.》(II·322)

萬海

7

—

시대에 맞게
바꿔야 한다

코스모스

가벼운

나부끼는

꽃닢이

날개가

간ㅅ바람에

코스모스

코스모스

날개이나

꽃닢이냐

1 먼저 나를 해탈하라

일체의

해탈을 얻고자 하는 자는

먼저 나를 해탈할지라.

나를 해탈하면

만사만물이 있음이나 없음이나

주고받음이나

모두 나의 명령에 맡길 뿐이니

어찌 내가 나에 대하여

아주 조금이라도 얽어맬 까닭이 있으랴.

* 일체(一切) : 모든 것.
* 해탈(解脫) : 불교에서 열반에 드는 것, 모든 굴레나 속박에서 벗어나서 자유로운 경지에 이르는 것.
* 만사만물(萬事萬物) : 세상 모든 일과 모든 물건.

— 《자아(自我)를 해설(解說)하라. 유심 3호 1918.12.1.》(I·277)

² 해탈은 수양으로 할 수 있다

나의 해탈은

용기나 힘으로도 하지 못하고

위엄과 권력으로도 하지 못하고

지식으로도 하지 못하고

재능으로도 하지 못하느니

그 길은 다만 수양하는 한 길이 있을 뿐이다.

─《자아(自我)를 해탈(解說)하라. 유심 3호 1918.12.1.》(Ⅰ·277)

3 수양하지 않으면 노예가 된다

어떤 사람이라도

마음을 수양하지 않으면

사물의 노예가 되기 쉬우니

학문만 있고 수양이 없는 자는

학문의 노예가 되고

지식만 있고 수양이 없는 자는

지식의 노예가 되느니라.

아니다. 노예가 될 뿐 아니라

학문과 지식이 많고

수양이 없는 사람처럼

불행한 사람은 없느니라.

— 《조선청년(朝鮮靑年)과 수양(修養). 유심 1호 1918.9.1.》(I·268)

4 해탈은 수련으로 얻을 수 있다

사람은 마땅히

물질의 속박에서 해탈하고

헛된 번민을 초월할 만한

마음의 실력을 수양하여

환하게 드넓은 도량과 활발한 용기로

종횡 진퇴하며 수련하여 스스로 얻을 것이다.

─《조선청년(朝鮮靑年)과 수양(修養). 유심 1호 1918.9.1.》(Ⅰ·268)

5 참된 행복을 찾아라

쌓인 눈 찬 바람에

아름다운 향기를 토하는 것이

매화라면

거친 세상 괴로운 지경에서

참된 행복을 찾는 것이

용감한 사람이다.

— 《용자(勇者)가 되라. 불교 신 91호. 1932.1.1.》(Ⅱ·352)

꽃으로서 매화가 된다면

서리와 눈을 원망할 것이 없느니라.

사람으로서 용감한 사람이 된다면

행운의 기회를 기다릴 것이 없느니라.

— 《용자(勇者)가 되라. 불교 신 91호. 1932.1.1.》(Ⅱ·352)

7 만유의 절정에서 자유롭다

사람은

내 바깥의 사물에

포로가 되면 안 되고

만유의 절정에서

자유롭게 존재함을 얻을 지니라.

* 만유(萬有) : 우주에 있는 모든 것. 만물.
* 절정(切釘) : 까마득히 가장 높은 꼭대기.

—《고통(苦痛)과 쾌락(快樂). 유심 1호 1918.9.1.》(Ⅰ·271)

천부인권이 균일하게 평등하다

조물주는

결코 부족하거나 실패하는 사람을

만들어 내지 않느니라.

모든 중생에게

부처가 될 수 있는 본성을

똑같이 주었고

천부인권이 균일하게 평등하거늘,

부족한 자는 스스로 부족한 자가 될 뿐이요

패자는 스스로 패자가 될 따름이라.

* 천부인권(天賦人權) : 하늘이 모든 사람에게 똑같이 나누어 준 사람답게 살 권
리.
* 조물주(造物主) : 우주 만물을 만들고 다스리는 주인.

―《전로(前路)를 택(擇)하여 진(進)하라. 유심 1호 1918.9.1.》(ㅣ·270)

9 마음과 물질은 나뉘어 있지 못하다

다만 겉으로 볼 때에는

불교는 유심론의 위에 선 것이라 할지나

실상은 불교로서 보면 마음과 물질은

서로 나뉘어 있지 못하는 것입니다.

마음이 곧 물질이요(空卽是色)

물질이 곧 마음이외다(色卽是空).

그러므로 불교가 말하는 마음은

물질을 포함한 마음이외다.

* 공즉시색(空卽是色) : 이 세상에 있는 모든 물질은 실체가 없는 현상에지나지 않
지만 그 현상 하나하나가 그대로 실체라는 뜻으로 불교 경전인 반야심경에 나오
는 말임.
* 색즉시공(色卽是空) : 색(色)이란 모양을 가진 우주 만물을 말하며, 공(空)이란
우주 만물은 실체가 없이 텅 빈 것임.

— 《내가 믿는 불교(佛敎). 개벽 45호 1924. 3. 1.》 (Ⅱ·288)

불교인이라면 마땅히

불교 계율을 지켜야 하는데

강제로 욕심이나 욕구를 억제하면서

형식에 맞춰 겉으로만 지키는 것보다

마음이 바뀌어 거짓과 나쁨을

스스로 삼가고

조심하는 것이 더욱 귀한 것이다.

—《정진(精進). 불교 신 6집 1937.8.1.》(Ⅱ·333)

마음 바탕을 맑고 깨끗하게 해야 한다

억지로 하는 금욕이라는 것은

마음이나 정신으로는 맞지 않으면서도

다만 형식에만 얽매여서

계율을 준수하는 것이요,

스스로 마음을 바꿔서 지킨다는 것은

먼저 자기 마음의 본바탕을 맑고 깨끗이 하여서

자연스럽게 계율을 지키게 되는 것이다.

* 계율(戒律) : 불교를 믿는 사람들이 지켜야 하는 마음과 행동 규정.
* 금욕(禁慾) : 마음에서 일어나는 욕구나 욕망을 잘 누르고 다스림.

—《정진(精進). 불교 신 6집 1937.8.1.》(II·333)

12 자기 일에 대해 고요히 책임지라

사람은 자기의 일에 대해서는

성공에나 실패에나 책임을 지고

편안한 마음으로 고요히 생각할지니라.

— 《무용(無用)의 노심(勞心). 유심 3호 1918.12.1.》(1·283)

13 신앙은 정신을 크게 바꿔준다

신앙은 확실히

정신세계를 크게 바꿔주는 것이다.

그것은 신앙생활에 들어간 사람은

누구든지 느껴 알 수 있는 일이다.

— 《신앙(信仰)에 대하여. 불교 96호 1932.6.1.》(II·304)

신앙이라는 것은

내 안과 밖을 드나들며 생기는

갖가지 번뇌를 맑게 거르고 씻어내어

아름답게 하는 것이다.

갖가지 세균과 유기물이 뒤섞인 물이

수도시설의 여과지를 통하여

맑아지는 것과 같은 이치다.

이와 같이 신앙으로

갖가지 번뇌를 걸러내어

훌륭한 안정된 마음을 얻게 되는 것이다.

* 번뇌(煩惱) : 마음을 괴롭히는 삿되고 헛된 생각들.

— 《신앙(信仰)에 대하여. 불교 96호 1932.6.1.》 (II·304)

15 종교 활동은 시대에 맞게 해야 한다

종교라는 것은

시대와 그 중생이 깨닫기 좋게 맞추어서

중생이 깨달아 극락세계로 가도록

돕는 것이 가장 중요한 목적이므로

자본주의니 사회주의니 하는

모든 주의와 제도에 얽매이지 아니하고

그 시대 그 중생에 잘 맞는 방법으로

중생을 제도하기 위해 가장

현실적이고 과학적으로 실행해야 하는 것이다.

* 극락세계(極樂世界) : 불교에서 말하는 가장 행복한 세계.
* 제도(濟度) : 중생을 고통의 바다에서 구해내 극락세계로 갈 수 있게 함.

— 《세계(世界) 종교계(宗敎界)의 회고(回顧). 불교 93호 1932.3.1.》(II·277)

종교라는 것은

인간 사회를 철학적·원리적 혹은 정치적으로

어떤 사회 제도를 만들려는 것이 아니라

어느 곳, 어느 때, 어느 사람을 물론하고

그와 맺어진 인연대로 도움을 피하지 않는 것이

종교가 갖추어야 할 도량이고 본령이다.

* 도량(度量) : 남을 너그럽게 받아들여주고 감싸 안아 줄 수 있는 넓은 마음과 깊은 생각.

—《세계(世界) 종교계(宗敎界)의 회고(回顧). 불교 93호 1932.3.1.》(II·277)

17 대중불교를 건설해야 한다

대중불교라는 것은

불교를 대중에 맞게 행한다는 의미니,

불교는 반드시 사랑을 버리고 가족을 떠나서

인간 사회와 격리한 뒤에 행하는 것이 아니라

인간사회의 모든 현실과 조금도 여의지 않고

번뇌(煩惱) 중에서 보리(菩提)를 얻고

생사(生死) 중에서 열반(涅槃)을 얻는 것이니

그것을 깨닫고 실천하는 것이 곧 대중불교를 건설하는

길이다.

* 대중(大衆) : 수많은 사람이 무리지어 모여 있음.
* 보리(菩提) : 불교에서 최고로 여기는 부처의 지혜를 깨달음.
* 열반(涅槃) : 모든 번뇌에서 벗어나 진리를 깨달음.

—《조선불교(朝鮮佛敎)의 개혁안(改革案). 불교 88호 1931.10.1.》(II·167)

18 승려와 신도를 너무 나누지 마라

형식에 있어서

승려와 신도의 구별을

너무 엄격히 하는 것은

시대에 맞지 않는 것이다.

―《만화(漫話) 18. 불교 87호 1931.9.1.》(I·313)

19 성공하는 길을 만들어라

위대한 계획일수록

냉정에 냉정을 더하고

설계에 설계를 더하여

유혹에 끌리지 말고

마귀의 아첨에 떨어지지 말 것이다.

— 《냉정(冷靜) 불교 신 9집. 1937.12.1.》(II·360)

20 불교가 최후의 희망이다

불교는

그 신앙에 있어서는

나를 새롭게 하는 것이요

사상에 있어서는 평등이요

학설로 볼 때에는 몸과 마음을 포함

아니, 그것을 뛰어넘는 유심론이요

사업으로는 박애요 호제인 바

이것은 확실히 현대와 미래를 아울러서

마땅히 최후의 무엇이 되기에 넉넉하리라 합니다.

나는 이것을 꼭 믿습니다.

* 유심론(唯心論) : 우주 만물의 근본은 마음에 있고, 그 속에서 모든 물질이 나온
다고 보는 철학.
* 박애(博愛) : 모든 사람을 나누거나 차별하지 않고 사랑함.
* 호제(互濟) : 서로 같이 어려운 사람을 도와줌.

―《내가 믿는 불교(佛敎) 개벽 45호 1924.3.1.》(II·288)